Die-co* LEPUBLIC

BRAND PASSPORT

ブランド・パスポート

MAISON ESPRIT AND
ART CAPTIVATING THE WORLD

Die-co*《ダイコ》

INTRODUCTION　はじめに

ようこそ『ブランド・パスポート』へ！

まずは、星の数ほどある本の中からこの一冊を手に取っていただけたことに、心から感謝いたします。

あなたがこの本を手に取ったということは、ブランドに関して何かしらの想いを抱いていらっしゃるのではないでしょうか？

憧れのセレブと同じブランド品を、次から次へと欲しいと思ってしまう……

清水の舞台から飛び降りて買ったアイテムなのに、何だかしっくりこない気がする……

ブランドには興味があるけれど、何を選んだらいいのかわからない……

この本は、そんな経験をしたことがある人にこそ、読んでいただきたい一冊です。

世界にはたくさんのブランドが存在しますが、ここでは、私が美しいと思った選りすぐりのブランドについて、まずはその背景やオススメの取り入れ方をご紹介しています。

昨今の経済不安の中、ファッションに向けられる眼差しは以前ほど熱くはありません。熱狂的に新作のバッグを買い漁る方々がいらっしゃれば、全ての可能性を放棄してファストファッションしか着ない方もいらっしゃいます。状況や時代が変わると、ファッションに関する考え方はこれほどまでに変わってしまうものなのか……。

皆さん、ファッションは消費ではありません。文化であり、教養です。そして、ブランドやファッションに対する正しい知識を身につけることは、あるべき自分の姿の発見へとつながることを知ってください。どんな女性になりたいのか、どんな女性に見られたいのか。もしもあなたが迷っているのなら、まずはファッションとブランドを正しく理解することから始めましょう。

名がある物には、歴史や背景があります。ブランドのあるべき姿を知り、本質を理解した後でも、お買い物は間に合います。20万円で買ったバッグは正しく持てば50万円、１００万円にも価値が増すのです。そして、そんな価値を生むのは、あなた次第なのだということを、忘れないでください。

さぁ、準備はいいですか？『ブランド・パスポート』を持ってブランドをめぐる旅へと参りましょう！

№ 003

CONTENTS 目次

変幻自在な「私」を求める人に

BOUCHERON

ブシュロン

左から時計回りに：「デリラ」YG×ダイヤモンド／ネックレス¥5,481,000／イヤリング¥735,000 「セルパン」YG×ダイヤモンド／ブレスレット¥2,079,000／ブローチ（参考商品）／ペンダント¥424,200／リング¥672,000 「エリソン」（ハリネズミ）PG×ルビー×ブラックダイヤモンド／ペンダント¥384,300／リング¥630,000 「キャトル」YG×WG×PG×チョコレートゴールド×ダイヤモンド／リング¥819,000 キャトル ホワイト／YG×WG×PG×ブシュロンセラミック×ダイヤモンド／リング¥819,000 「デリラ」YG×ダイヤモンド／ブレスレット¥2,457,000

初代のフレデリック・ブシュロン。
ジュエリー界の革命児と称されました。

王国貴族、文化著名人に愛されるジュエラー

フレデリック・ブシュロンがハイジュエラーとしてパレ・ロワイヤルの一角で創業したのは1858年のことです。

1893年にはジュエラーとして初めてヴァンドーム広場に出店し、一番日当りの良い26番地に拠点を構え、今も変わらずにこの場所でジュエリーを制作するヴァンドーム唯一のメゾンです。

1902年、フレデリックはこの世を去り、息子のルイが跡を継ぎますが、生前に彼がなした偉業の中で、最も有名なのはインドとの関係をつくったこと。

1928年パティアラのマハラジャであるブピンドラ・シン閣下は、自身の持つ9000個を超える宝石をブシュロンに持ち込み、それらは149点の芸術品とも呼べる宝飾品となりました。この伝説が象徴するように、世界中の王国貴族たちがブシュロンの魅力の虜になっていったのです。ロシア皇帝アレクサンドル三世やイギリスのエリザベス皇太后。エリザベス皇太后が生涯愛用したブシュロン作のティアラは、最近、チャールズ皇太子から妻であるカミラ夫人に贈られた物です。文化人や著名人、映画スターの中にもブシュロンの顧客は多くいます。オスカー・ワイルド、マルセル・プルーストやマレーネ・ディートリッヒ……。

現在も伝統を守りつつ、時代にあった革新的な展開をしています。アレキサンダー・マックィーンとのコラボレーションによる「ノヴァク」バッグや、高級携帯電話「ヴァーチュ」とのコラボレーションなど、大胆な展開も話題になりました。

マハラジャが所蔵していた宝石たちは伝説の149点のジュエリーへと生まれ変わりました。

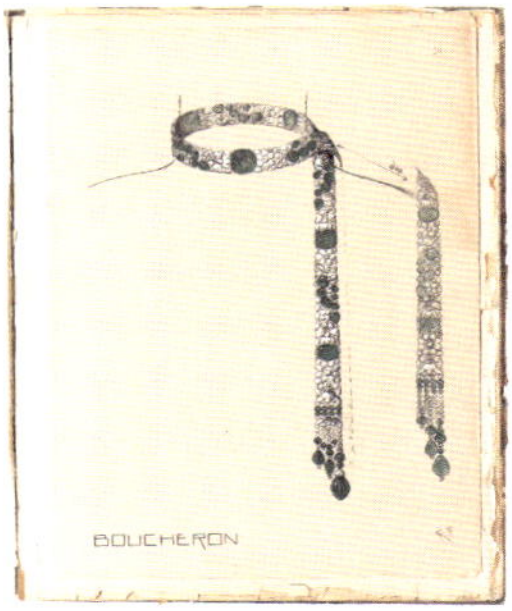

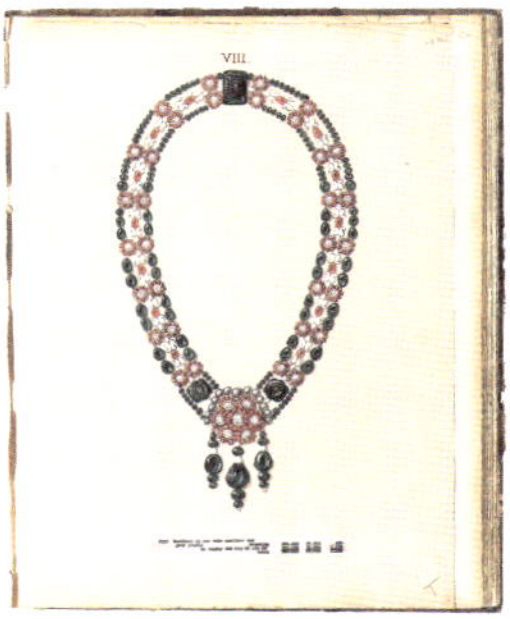

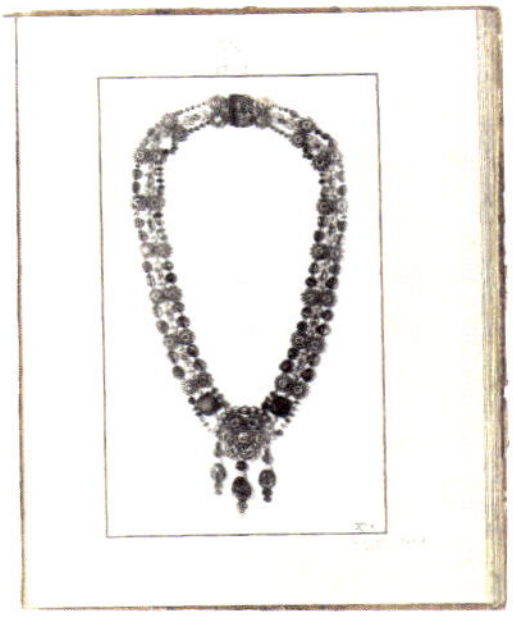

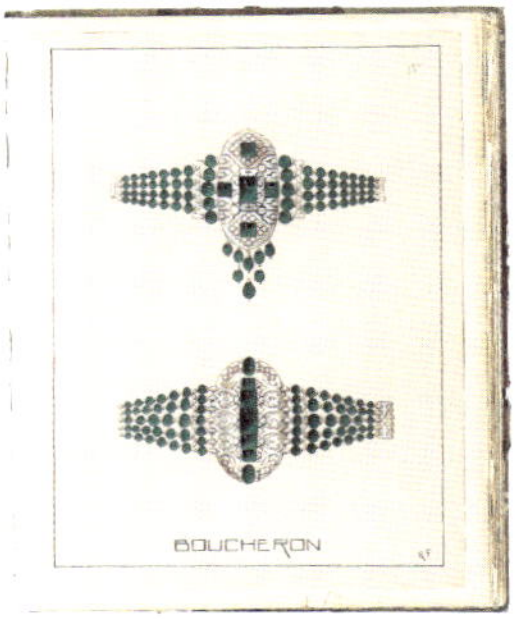

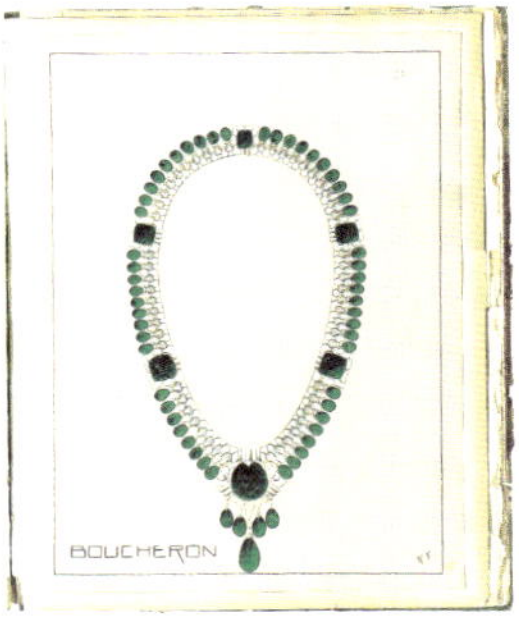

インドのマハラジャのためにつくられたジュエリーのデザイン画。数々の芸術品ともいえるジュエリーも、最初はこうした手描きのスケッチから始まります。

「アバ」は2002年に登場して以来、ラグジュアリージュエリーの真髄として、今も不動の人気を誇るジュエリーです。ジョディ・フォスターは2007年の第79回アカデミー賞のセレモニーでサファイアの房型イヤリングと指輪を選び、アメリカ人女性映画監督キャスリン・ピグローは2010年のオスカー受賞の際、ダイヤモンドとホワイトゴールドのスタッズイヤリングを身につけていました。アバは、品格と冒険心という対極的な魅力を持つ女優、エヴァ・ガードナーからインスピレーションを得てつくられたコレクションです。

アバの大きな特徴はラウンドやスクエアのダイヤモンドを主役にし、そのまわりをさらに、ダイヤモンドの透かし細工がフレームのように囲んだデザインにあります。センターのダイヤモンドが、まるで宙に浮いているように見えるのです。

そしてアバから進化したものに「アバ モビール」があります。

アメリカの彫刻家アレキサンダー・モビールの世界をジュエリーに表現したこのラインは、ペアシェイプやラウンドのダイヤモンドを、さらにペアシェイプの透かし細工のフレームが取り囲むデザインになっています。モビールの世界が最大限、ジュエリーに表現されたものと言えます。揺れるデザインによって発揮されるダイヤモンドの輝きの素晴らしさに、誰もが一瞬で虜にされてしまいます。

さらに、中央のペアシェイプのダイヤモンドと雫から円へと変形していくフレームで表現された「アバ デコ」も、ブシュロンを語る上ではずせないラインナップです。わずかに中央がずれた絶妙なデザインが優しい印象をもたらします。

新作の「アバ ピヴォワンヌ」は、美しく咲く花と結び目とを表現した新しいアバの顔として話題を呼んでいます。

不動の人気「アバ」

右：「アバ ピヴォワンヌ」リング／WG、ダイヤモンド／¥840,000　中：「アバ」リング／WG、ダイヤモンド／¥1,323,000（センターストーン0.25ct～／¥756,000～）　左：「アバ」リング／WG、ダイヤモンド／¥1,365,000（センターストーン0.25ct～／¥735,000～）

「アバ モビール」ペンダント／
WG、ダイヤモンド／￥1,890,000

いつか手に入れたい「キャトル」シリーズ

上から時計まわりに：「キャトル」リング／YG、WG、Pt、チョコレートゴールド／¥630,000「キャトル」リング／YG、WG、Pt、チョコレートゴールド／¥819,000「キャトル」ホワイト リング／YG、WG、Pt、ブシュロンセラミック／¥630,000

いつか絶対に手に入れたい、個性的で美しいリングのコレクション、それが「キャトル」です。

フランス語で「4」を意味するキャトルという名のこのシリーズは、ブシュロンの特徴的モチーフであるゴドロン、ポワントド ディアマン、ファセット、グログランという細工が施された斬新なデザインが人気のベストセラーコレクションです。それぞれにホワイト、イエロー、チョコレート、ピンクの4色のゴールドを組み合わせたデザインは、あらゆる顧客を魅了する、デザインの究極とも言えるものです。

キャトルにダイヤモンドを加えた「キャトル・ダイヤモンド」や、二色のゴールドに大きめのダイヤモンドを飾り、重ね付けやコーディネイトが楽しめる「キャトル フォリー」も魅力的です。

また、セラミックとエラストマー（軟化材）を独自に配合させたブシュロン独自の新素材「ブシュロンセラミック」を使ったキャトルは、ホワイトチョコレートを思わせる、優しく新しいデザインです。素材とモチーフの巧みな組み合わせにはため息が出ます。私もいつか絶対に自分の物にしたいと思う一品です。

現在ブシュロンのブティック（限定店舗）では、キャトルのように異なるモチーフや素材を重ねて、リングをセミオーダーできる「マイキャトル」というシステムがあります。この個性的なリングには熱狂的な男性ファンも多く、自分も身につけたいという欲求から、エンゲージやマリッジ用としても人気を集めています。その一見の価値あるリング、お店の敷居は高いかもしれませんが、ちょっと勇気を出してのぞいてみてはいかがでしょうか。

右上から時計まわりに：「キャトル フォリー」イヤリング／YG、WG、ダイヤモンド／¥489,300「キャトル フォリー」リング／YG、WG、ダイヤモンド／¥462,000「キャトル」ペンダント／YG、WG、Pt、チョコレートゴールド／¥489,300

まさにミステリアス

デザインだけではなく、触感すらも魅了される
「セルパン」のブレスレット。
YG、ダイヤモンド／¥2,079,000

ブシュロンの魅力を語る上で欠かせないキーワードは「神秘的」「ミステリアス」です。自然や宇宙、人間の感覚や感情を緻密に美しく表現することを、最も得意とするジュエラーだと私は思います。

「セルパン」は1968年に登場したジュエリー。蛇をモチーフにしてデザインされたフォルムは、流れるような官能的な動きを見せ、鱗をモチーフにした装飾が独得の触感をつくります。まさに肌の上を蛇が這うような、ミステリアスな感覚に襲われます。発売から現在も熱狂的なファンを持つブシュロンの代表選手の一つです。もう一つ、忘れてはならないのが「デリラ」。細い金の糸を編み込んだようなデザインは、シルクのスカーフのように身につける人の体に添い、重力の持つ魅力を最大限に引き出しています。ニコール・キッドマンは、ネックレスをヘアバンドにするなど、個性的に着こなしています。

この2つのコレクションはブシュロンが、ゴールドという素材を思うままに操り、美しさを表現できるメゾンであることの、何よりの証明です。

私が駆け出しのスタイリストだった頃、ある写真集の仕事で、初めてこのメゾンの門をくぐりました。宝石、クラフトマンシップ、デザイン、いずれも超一流のジュエリーを前に、悩みに悩んだ私は、撮影で使うほとんどの衣装を制作することを選びました。最高の敬意を払って……。そしてわかったのは、最高級は最高にフレンドリーであるということ。本当に良い物はピタリと肌に寄り添い、すっと心に入ってくるのです。

触れるほどにこのメゾンに心を奪われている自分に気づき、同時に、私は自分の感覚や感性がダイレクトに反応していることを知りました。

まさにミステリアス。触れないとわからないこの感覚。実際に手にしてみてください。きっと何かが変わりますから。

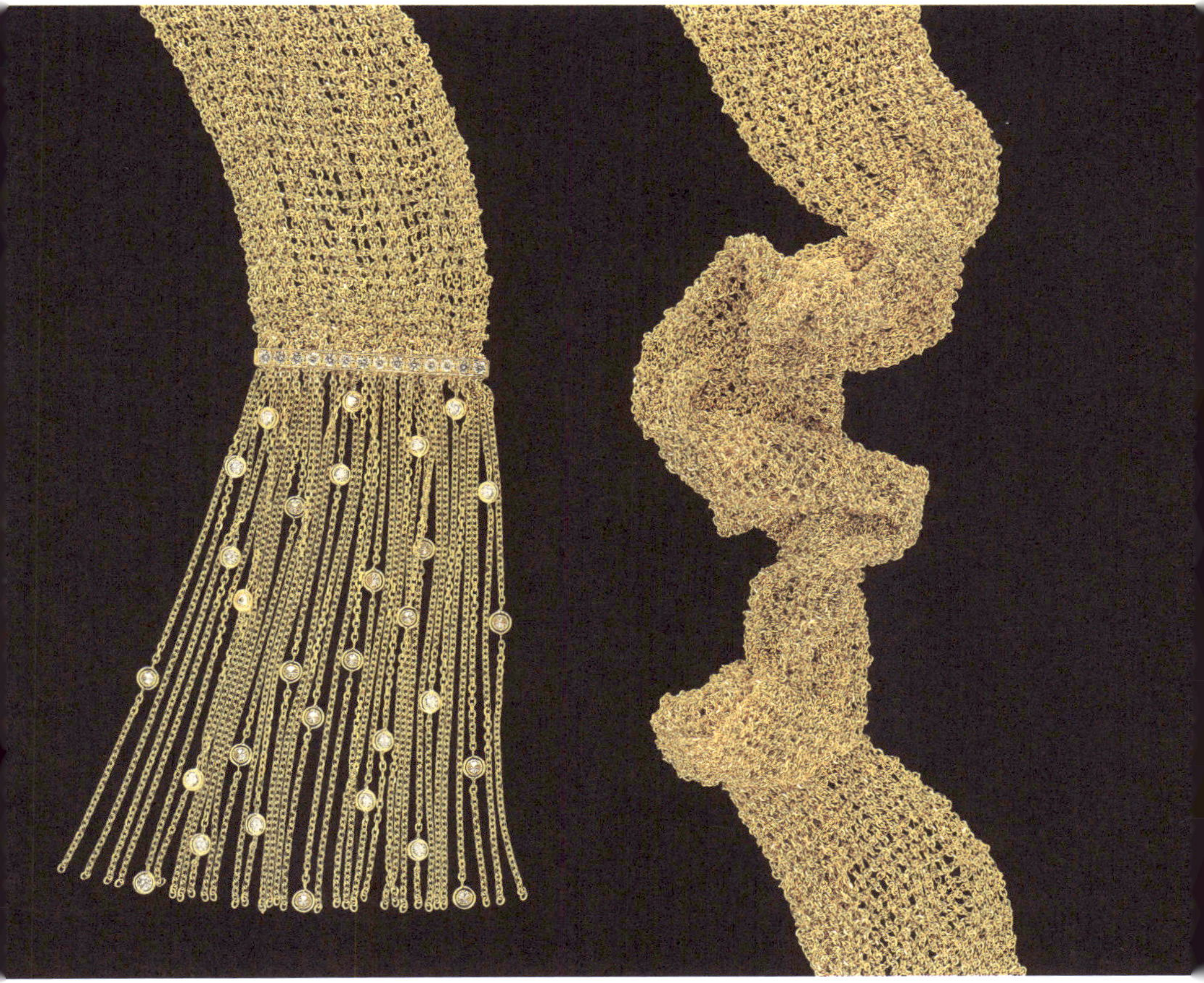

「デリラ」は創設者フレデリック・ブシュロンの家系が繊維業を営んでいたことにも由来する、ファッショナブルなピースでもあります。
「デリラ」ネックレス／YG、ダイヤモンド／¥5,481,000

ブシュロンのクラフトマンシップを楽しむためには、ネイチャーモチーフデザインのジュエリーがオススメ。

2011年1月のオートクチュールで発表された「キャビネ ドゥ キュリオジテ（好奇心の小部屋または棚）」は、まさに真骨頂です。世界中の珍しい逸品を集めた王侯貴族の小部屋をテーマにつくられたブレスレットやリングの数々は、スネーク、ペガサス、ライオン等、動物図鑑の1ページを見ているかのようなモチーフで溢れていました。大人のファンタジーが感じられる、一見可愛らしく思えるそのフォルムは、確かな観察眼と高度なクラフトマンシップによって成立しているのです。

2011年7月のオートクチュールも忘れてはなりません。「甘い海岸」というテーマで展開されたこのコレクションでは、世界中の豪華リゾートの名前がつけられ、さざ波や水面に反射する光といった自然現象までもが表現された素晴らしいコレクションでした。

一流のデザインと素材と技術によってあらわされた、ブシュロンの好奇心に満ちたネイチャー。都会に生きる女性にこそ、身につけてもらいたいジュエリーです。

2011年7月のオートクチュールウィークに発表されたハイジュエリークルーズコレクション「甘い海岸」より。上:「カプリチョーリ」ジュエリーウォッチ／サファイア、エメラルド、ダイヤモンド　下:「イゾラベッラ」イヤリング／ピンクサファイア、ダイヤモンド、オレンジサファイア、エメラルド

ネイチャーモチーフデザインのジュエリーを

2011年春夏オートクチュールの「好奇心の小部屋」のコレクションより。右：ダイヤモンドがちりばめられたペガサスのブレスレット　中：カラフルなカラーストーンをまとったカメレオンのリング　左：イエローサファイアの毛皮を着たライオンのブレスレット

「カトリーヌ」ネックレス。ハイジュエラーの最高峰と呼ばれるブシュロンだからこそできる素晴らしい自然の表現です。様々なカラーストーンで飾った花とリーフの部分は、なんと可動式。魔女カトリーヌ・ラ・ヴォワザンは、このジキタリスの花エキスを使って、霊薬や毒薬を調合したという不思議な逸話にまつわるドラマチックなハイジュエリーです。ピンクとブルーのサファイア、ルビー、ダイヤモンド、エメラルド他。

プリンセスになりたい人に

CHAUMET

ショーメ

右上より時計回りに18p：「ル・グラン・フリソン」ティアラ／WG、ダイヤモンド／¥5,775,000　ネックレス／WG、ダイヤモンド、タンザナイト、ツァボライト・ガーネット、パープルサファイア／¥3,213,000　イヤリング／WG、ダイヤモンド、タンザナイト、ツァボライト・ガーネット、パープルサファイア／¥1,743,000

19p上：「ジョゼフィーヌ」　ティアラ／WG、ダイヤモンド、パライバトルマリン／¥19, 950,000　リング／WG、ダイヤモンド／¥1,071,000／リング／PG、ダイヤモンド／¥819,000　ネックレス／WG、ダイヤモンド／¥9,030,000

19p下：「アトラップ・モワ」ティアラ／YG、マルチカラーストーン／¥4,399,500　ネックレス／YG、マルチカラーストーン／¥3,225,000　イヤリング／YG、マルチカラーストーン／¥2,604,000「ビー マイ ラブ」ネックレス／YG、イエロー＆オレンジサファイア、ダイヤモンド／¥3,045,000

創設者のマリー＝エティエンヌ・ニトを王室御用達
ジュエラーに任命したナポレオン一世。

230年の歴史

1780年マリ＝エティエンヌ・ニトがナポレオン一世の公式ジュエラーに任命されたことから、このメゾンの歴史は始まります。

マリー＝アントワネットの宝石商をしていたオーベルに従事した経験を持つニトは、創造的で革新的なジュエラーでした。皇帝ナポレオン一世、皇后ジョゼフィーヌ、皇后マリー・ルイーズを夢中にさせた多くの歴史的宝飾品が、ニトの手によって誕生します。

1802年には「統領の剣」をつくり、2年後には「皇帝の剣」を制作。華やかで威厳あるゴージャスな宝飾品が、対外政策や、自らの権力の誇示、また従者の士気をあげるプレゼントとして必要だったナポレオンのジュエラーとして、ニトはその大役を果たし、ナポレオンの権力と同様、ヨーロッパにその名を轟かせることになるのです。

ニトはまた、センチメンタルジュエリーの分野でも才能を発揮します。大切な人を思い、様々な隠しテーマをつけ、よりその気持ちを表現するという繊細なジュエリーのジャンルでも功績をあげました。

その後、1800年代には自然主義にのっとった草花や自然からヒントを得た有機的なデザインが、1800年代後半には、当時大流行のアール・ヌーヴォーのテイストが加わります。1900年代前半には、アール・デコ・スタイルのショーメのデザインのティアラが女性たちの頭上を飾りました。キュビズムや東洋趣味等、新しいテイストもどんどん取り入れ、一世を風靡していくのです。

時代と人々の生活の変化に敏感に反応し、伝統と革新を大切にする姿勢で世界のジュエリーシーンをリードしていくメゾン・ショーメ。

現在はヴァンドーム広場12番地に本店を構えるとともに、世界中のショップでその230年余りの歴史とクラフトマンシップを確認することができます。

1802年にナポレオン一世の命でつくられた「統領の剣」。140カラットのダイヤモンドが埋め込まれています。この剣を手にしたナポレオン一世は、どれほど誇らしく思ったことでしょう。

トレンドの中心、ティアラ

ティアラの存在なくしてショーメのことは語れません。いつの時代もティアラは、このメゾンに転機や挑戦、そして成功を与えてきました。

1804年ジョゼフィーヌ皇后の頭上に輝いたティアラに始まり、1800年代後半のアール・ヌーヴォー、ベル・エポックの時代には草花をモチーフにした有機的なものが、そして1900年初頭、時代がアール・デコになると、直線的な幾何学模様を図案化したデザインのものへと変化していきます。ジュエリーが王族貴族たちだけのものではなくなったこの時代、中産階級のブルジョワたちがこぞってショーメのジュエリーを買い集めたことも、このメゾンの発展の背景を担っています。

それぞれの時代、文化や芸術がそれぞれに変化していく中で、ショーメのティアラはいつも変わらずに大流行し、トレンドの中心となって女性たちを華やかに輝かせてきたのです。

ショーメのオートクチュールのティアラはデッサンから始まります。自社の美術館に保管されたデッサンは50万点。「マィユショール」と呼ばれるニッケル／銅／亜鉛でつくる原寸大模型を使い、細かい調整を施していくのです。それはまさにティアラの仮縫い。スペシャルオーダーやユニークピースは500〜1500時間をかけて最高のテクニックで制作されます。

右：ブルボン＝パルム・ティアラ／プラチナ、ダイヤモンド／ジョゼフ・ショーメ作／1919年／ショーメ・パリ コレクション
ベル・エポック時代における自然主義の良き伝統を示すこのティアラは、プリンス・シクスト・ド・ブルボン＝パルムに嫁ぐ、娘のエドウィジュ・ド・ラ・ロシューコに贈るために、ドゥドーヴィル公爵夫人から依頼されたものです。

左：麦の穂のティアラ／ゴールド、シルバー、ダイヤモンド／マリー＝エティエンヌ・ニト作／1800年頃／ショーメ・パリ コレクション
まるで風になびいたかのように右に流れる9本の麦の穂をモチーフとするティアラは、皇后ジョゼフィーヌが第一次帝政時代に流行らせた古代ローマ・ギリシアへの懐古趣味を示すとともに、ダヴィッドが描いた「ナポレオンの戴冠式」（ルーブル美術館蔵）に描かれている、式典に参列する女性たちがつけているティアラを思い起こさせます。

ライジング・サン エグレット／ゴールド、シルバー、エメラルド、ダイヤモンド／ジョゼフ・ショーメ作／1914年／ショーメ・パリ コレクション　公式の場で、ティアラではフォーマルすぎる場合に頭上を飾った、羽のエグレット。フォークの形をした光線で表現されている太陽のモチーフは、19世紀末に人気だった星や三日月に代わるものとして採用されました。

№ 023

プリンセスのティアラ

２０１０年、創立２３０年を記念して発表されたコレクションは、ショーメ最初の有力顧客だったナポレオン一世の皇妃、ジョゼフィーヌとの物語に焦点をあてたものでした。

「現代のプリンセスはティアラを指に飾る」というコンセプトで発表されたこのコレクションのアイディアの源は、ジョゼフィーヌの戴冠式にナポレオンから贈られたティアラや、帝政時代のジュエリー、バンドーやエグレットにありました。シェリュススという飾り襟のデザインなどもモチーフとして再解釈され、伝統とモダンさをあわせもった、完璧なデザインとなって誕生したのです。

以降、シーズンを重ねるごとにこのジョゼフィーヌ・コレクションはバリエーションを増し、話題をよんできました。

物語とジュエリーの表情との関連性を大切に考えながら発表されたシリーズのコンセプトが、多くの女性たちの心を捉

「ジョゼフィーヌ」リング　p24：¥14,700,000　p25：¥15,225,000　ショーメの「ジョゼフィーヌ・コレクション」は、まさに現代のプリンセスストーリーです。指で煌めくティアラが、輝きと幸福を与えてくれることでしょう。

えたのです。

デビュー当初には、王冠を抱いた愛をコンセプトに、様々なカットを施されたダイヤモンドを配し、センターには最高級ダイヤモンドとピジョンブラッドルビー、ブルーサファイア等がセッティングされ、発表されました。

現在は、ピンクゴールド台のコレクションや、イヤリング、ネックレス等も揃っています。

他にもアクセシブルなラインが登場したことで、人気は更に高まるばかりです。

一生に一度、生涯を供にすることになる男性から、世界一のメゾンのティアラを贈られたなら、あなたは紛うことなくプリンセスです。

「ナポレオン一世の戴冠式」

バラとスミレをモチーフにしたレディースウォッチ／1911年に制作されたジュエリーウォッチです。一方にはスミレ、反対側にはバラのモチーフが刻まれています。スミレは「貞節」や「誠実」、バラは「愛」の象徴です。「私はあなたを誠実に愛しています」というロマンチックな意味が込められています。

ルーブル美術館南側ドノン翼2階、ドラクロアやアングルが並ぶ回廊の中央にその絵はあります。「ナポレオン一世の戴冠式」。フランスを代表するこの画に描かれているティアラが、ショーメの作品です。世界に優秀なジュエラーは多くあるものの、こんな歴史と伝統を持つメゾンは他にはありません。

ショーメがこだわり、つくり続けてきた作品の中に「センチメンタル・ジュエリー」と呼ばれるジュエリーがあります。これは人々の愛する想いを込めたジュエリーを指します。ショーメは長きにわたって、最高の素材と技術で、この愛のジュエリーをつくり続けています。

「ナポレオンの戴冠式」
（ダヴィド作）

ロマン主義時代にはアクロスティック（頭文字をたどると別の意味を持つ言葉になるという言葉遊び）にジュエリーを使い、愛の表現をすることが流行ります。創業者ニトはジョゼフィーヌのために、各石の頭文字をたどると二人の愛息の名前になるというブレスレットをつくりました。ベルエポックの時期につくられた時計には、一方にバラ（愛）、もう一方にスミレ（無償の愛）が施されています。

そうしたメッセージを表現するために選ばれるモチーフは様々。完璧な円をあらわすヘビは永遠を、張り巡らされるクモの巣は強い絆、常緑樹の蔦は普遍性、香しいギンバイカは永遠の愛を象徴し、暗号のようにジュエリーの中に想いを閉じ込めてきました。

愛にこだわり、表現し続けているショーメというメゾンは、まさに「愛のジュエラー」と呼ぶにふさわしい超一級のメゾンなのです。

「アクロスティック・ブレスレット」
19世紀初頭、ジョゼフィーヌから2種のアクロスティック・ブレスレット製作の依頼を受けてつくられたもの。それぞれの宝石が子供の名前を表しています。上：オルタンス（HORTENSE　後のオランダ王妃）
下：ユジェーヌ（EUGÈNE　後のイタリア総督）

愛に満ちたジュエリーを楽しんで

現在、ショーメのミューズは女優のソフィー・マルソーです。ショーメの230年の伝統のような気品と美しさを持ち、ショーメの新しい創造性のような、自由で何にも縛られない生き方は、まさに現代に蘇ったジョゼフィーヌ。最高のプリンセスです。

圧倒的な伝統を持ったショーメですが、いつもそこにはハートフルな人間らしい優しさがあります。230周年記念につくられた2つのティアラには、ナポレオンからジョゼフィーヌに贈られた「愛しい、かけがえのないジョゼフィーヌ、あなたは私をなんと不思議な気持ちにさせるのでしょう」「かけがえのないジョゼフィーヌ、あなたのその神秘的な力は何なのでしょう」という、極めてプライベートな愛らしい言葉が刻印されています。

現在発売されているコレクションにも、このようなコンセプトが感じられるものが多くあります。「リアン・ドゥ・ショーメ」は大切な人との絆の象徴。2011年秋冬に発売されたブラックセラミックのリングは、男性が身につけたほうがしっくりくるかもしれません。旦那さまや大切な恋人に贈ってみるのはいかがですか？ 女性から男性に指輪を贈る習慣は日本にはありませんが、よく理解し合った関係ならば、そういうシーンを楽しむのも素敵だと思います。

「アトラップ・モワ」のモチーフはミツバチやクモ。恋の誘惑のゲームを楽しむかのように、カラーストーンで華やかに展開されています。このジュエリーは、ぜひ、デイリーユースで身につけて、コーディネイトを華やかに楽しんでください。小さくて手に入れやすいリングから大ぶりのネックレスまで、バリエーション豊富なのも魅力です。

「ル・グラン・フリソン」は、恋に落ちる瞬間を表現したジュエリー。前衛的なデザインにはハッとさせられます。これは出会ったばかりの素敵な男性にプレゼントしてもらいたいですね。

ヨーロッパでジュエリーは、代々受け継がれていく物。想いを込めることで、その価値を限りなく上げることができるアイテムです。メンテナンスを怠らないようにして、思い出もホコリがかぶらないようにしましょうね。

上：「リアン・ドゥ・ショーメ」ブラックセラミック、ダイヤモンド／￥147,000
中：「アトラップ・モワ」YG、シトリン、ダイヤモンド／￥1,417,500
下：「ル・グラン・フリソン」WG、パープルサファイア、ガーネット、ダイヤモンド／￥3,213,00

エターナルな女性になりたい人に

Chloé

クロエ

リラックスできるラグジュアリーなウェア

1956年、エジプト生まれのパリジェンヌ、ギャビー・アギョンによってクロエは誕生しました。

ギャビーは当時流行していた堅苦しいレディース・ファッションに対し、ソフトで美しいボディコンシャスなウェアを提案。「ラグジュアリー・プレタポルテ」と名付けました。自らがリラックスして着たいと思う洋服をつくり上げることのできた、最初の女性デザイナーの一人でした。

その後、カール・ラガーフェルドを起用したことで（1963年）、クロエは70年代を象徴するブランドの一つとなり、ジャッキー・ケネディ、ブリジット・バルドー、グレース・ケリーなどの名だたる女優たちがラグジュアリーでロマンティックなデイウェアを求めて、パリ7区のブティックへ足しげく通ったのでした。

1980年代はデザイナーの異動が重なり、様々なテイストの変化を見せましたが、マルティーヌ・シットボンの就任で、クロエに「エレガントで若々しい世界観」が加わります。

1997年にはストリート感覚に富んだステラ・マッカートニーがデザイナーに就任し、話題にもなりました。

2012年に創業60周年を迎えるクロエ。現在クリエイティブ・ディレクターに就任しているクレア・ワイト・ケラーは「クロエに必要なのは革新ではなく進化。クロエは女性の直感に訴えるブランドなのです」と語っています。

時代がどうあろうとも、ブランドの根底に流れるロマンティックでフェミニンなスタイルに、女性たちは安心して美しさを求められるのです。

MARCIE
マーシィ

クロエのアイコニックなバッグの一つである「マーシィ」は、2010年に登場しました。

上質なカーフスキンやパイソンレザーが素材として使われ、ステッチディテールや大きなフラップポケット、正面にあしらわれたレザーストラップや丸みのあるフォルムが特徴で、70年代のフォークスピリットが表現されたバッグです。
マチが広く深さのあるボディは収納力抜群。フラップポケットは、キーケースや小物を収納するのにとても便利です。バッグのトップがファスナー式になっていることなども、マーシィが実用的で、ファンの多い理由の一つです。

カラーはブラックやタン（ブラウン）などの定番色の他、毎シーズン新色が発表されます。また、ショルダーバッグのラージ、ミディアムサイズ、ストラップのついた2WAYショルダーバッグの他、ホーボーバッグやメッセンジャーバッグがあります。

上：マーシィ／ホーボーバッグ
下：マーシィ／ショルダーバッグ

肌に一番ピッタリなじむ、メイクアップ・カラーをテーマに発表された2012春夏のコレクション。ファンデーションのベージュ、リップのピンクやコーラルを使ったフェミニンなコレクションでした。2012春夏コレクションより。

必ず女性たちに受け入れられるスタイル

クロエには「エターナル・ワードローブ」という哲学があります。過去のワードローブとしっくりコーディネイトができるアイテムの制作に、常に情熱を燃やしているブランドなのです。

このメゾンを語る上で忘れてはならない5つのキーワードは「フェミニン（女性らしさ）」、「モダン（時代を捉えたモダンさ）」、「グレースフル（洗練されたスタイルと優雅さ）」、「フリースピリット（自由な心）」、「エフォートレス（リラックスした感じ）」。クロエはこのキーワードを大切にしながら、その時々のデザイナーが最高の才能を持ってクリエイションに臨んできました。

どんな時代であっても必ず女性たちに受け入れられるスタイル。それがクロエです。私が撮影に持っていくと、クロエの服はかなりの確率で採用されますし、クロエが嫌いという女性には未だ会ったことがありません。

実際、クロエの洋服はシンプルで究極の日常服なのですが、袖を通した女性の表情はぱっと明るくなり、所作や言葉づかいまでもが可愛らしくなります。

ファッションの中心がリアルクローズになることを予見していたかのように、究極のエターナル・ワードローブをつくり、世界中の女性たちを熱狂させ続けているクロエ。創設者ギャビー・アギョンは口癖のようにこう語っていました。

「クロエは真珠です。純粋で染みひとつないこの真珠をあなたに捧げます。決して汚したりしないで下さい！」

2012春夏、クロエでの最初のコレクションを発表したクレア・ワイト･ケラーは、よりマチュア(成熟した)でフェミニンなコレクションを発表しました。バイカラーでまとめられたマスキュリンなパンツスタイル。2012春夏コレクションより。

ベスト・ベージュを探す

2012春夏コレクションでは、ファーストルックに、風をはらみ美しく揺れるドレスが発表されました。
白地に綺麗なベージュがプリントされたプリーツが、爽やかでエアリーなルックでした。2012春夏コレクションより。

究極にエレガントで、上質な日常服。ギャビー・アギョンが追及したファッションの形は、現在でもクロエに流れるDNAです。あくまでシックでハイクオリティな洋服。クロエを身につけるならば、ぜひ、このメゾンを象徴する色、ブランドロゴのカラーでもあるベージュに注目してください。

クロエには様々なベージュのアイテムが揃っています。時には甘くハッピーな、時にはシックでソリッドな。毎シーズン、欠かさずに発表されるベージュは、いわばクロエにとっての究極で、大切な一色です。

ベージュというとコンサバの代名詞のようなイメージを持つ人が多いようですが、実はこの色、着こなすには相当に難しい色です。本来ベージュは日本人の黄色い肌との顔映りがイマイチ……とあきらめてしまった経験がある人も多いのでは。一口にベージュと言っても、トープやグレーベージュなど、様々なトーンのものがあります。そしてベージュの宝庫、クロエにならば、必ずあなたにぴったりのベージュが見つかるはずです。ぜひシーズンごとに通って、あなただけのベスト・ベージュを探してみてください。

一つ私からポイントをお伝えするならば、ベージュは分量が難しい色なので、差し色を忘れないでください。靴やネイル、リップに赤を使うと、とてもハッピーな印象になりますよ。ベージュと赤は大の仲良し。クロエでもしばしば登場する肌写りの良いメイクアップ・カラーの組み合わせなのです。

2012プレフォールコレクションでは、バリエーションに富んだベージュが登場します。アウターなどの重くなりがちなアイテムでトライすると、軽やかなウィンターシーズンが過ごせることでしょう。2012プレフォールコレクションより。

リボンを結ぶ「ボウブラウス」

まさに、完璧なワードローブのブラウス。着るときはきちんと鏡を見つめてリボンを結びます。たとえ一瞬であったとしても、自分を見つめる時間を与えてくれるのも、また、ボウブラウスの素晴らしいところです。

リボンを結ぶというのは、女性にとって特別な行為。小さい頃に初めて一人で上手にリボンが結べた時、誰もが大人になったような独特な自信が持てたはずです。

クロエには、リボンを結ぶという行為を大切にする「ボウブラウス」という素敵なアイテムがあります。それは毎シーズン、素材やデザインのリニューアルをしながらずっと変わらず愛され続けている究極のアイテムです。

もちろん、今までのコレクションでも様々なバリエーションで登場してきました。2010年秋冬コレクションではブラウスとウェストの両方でリボンを結ぶ美しいスタイルが登場。グレーのウールブラウスとワイドパンツにベルベットのリボンをきりりと結んだ、少し辛口のコーディネイトも素敵でした。2011年のプレスプリングコレクションでは、コロニアルなプリントのセーラーカラーを思わせるゆったりとしたボウブラウスが登場。

クリエイティブ・ディレクターのクレア・ワイト・ケラーの作品の中にも、ボウブラウスを見ることができます。2012年秋冬コレクションでは、ファーストルックに、大きめのフードの温かそうなコートに合わせて、すっきりと垂らしたスタイルで登場します。ピンクベージュとアイスブルーのバリエーションのこのスタイルは、アイコニックなルックとして発表されました。

ミニマム化されたデザインの中で、あえてリボンを結ばせる。それは世界中の女性たちに贈る、少女の頃のピュアな気持ちを忘れないで、というメッセージであるかのようです。

ボウブラウスのリボンは首もとできっちりに結んだり、デコルテを開けて低めに結んだりと、結ぶ位置によって印象ががらりと変わりますし、リボンの大きさによっても雰囲気は一変します。華やかに大きくしたり、清楚に小さくまとめてたり、あるいはさらりと垂らしてみたりと、手に入れた後も、自分の好きなようにアレンジ可能なボウブラウス。その魅力と実力を、ぜひ実感してください。

4枚の花びらを思わせる「エルシィ」

クロエが支持されているアイテムは、お洋服だけではありません。使いやすく独得の可愛らしさを持ったバッグにもまた、数々のヒット作があります。

2009年、「パディントン」や「パラティ」に続く新しいアイコニックなバッグがクロエに誕生しました。「エルシィ」と名付けられたこのバッグは、4枚の花びらを思わせる回転式のバックルが特徴。このバックルは実用性も兼ね備えた、可愛らしくも優秀なチャームです。

2010年には、ハンドルのついたデイバッグも登場。ジュエルチェーンが特徴的なバッグで、デイタイムのオフィスはもちろん、パーティにもぴったり合うことでしょう。

エルシィに心奪われ、ワードローブに取り入れる女性たちが、日々世界中で増加しているのです。

オードパルファム

オードトワレ

オードパルファム インテンス

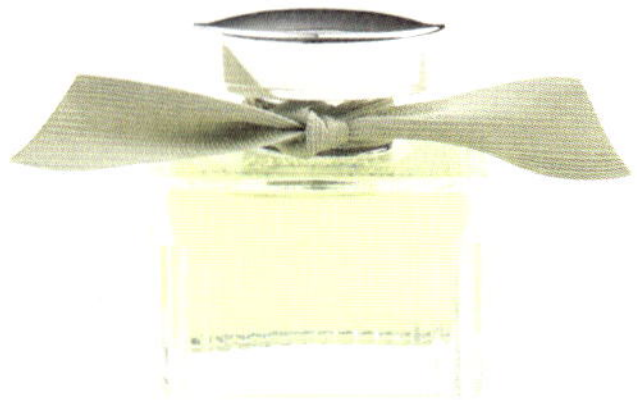

ロード クロエ

FRAGRANCE
香水

クロエのフレグランスはまるでローズガーデンのよう。世界中に多くのファンを持つフレグランスシリーズです。

オードパルファム（上左）のハートノートはローズのブーケ。マグノリアやリリー オブ ザ バレーのフローラル ノートに、アンバーとシダーウッドの甘く優しい香りがアクセントとなっています。
オードトワレ（上右）は、今まさに花開き、庭から摘まれたローズそのものです。透明感のあるフレッシュさがとても魅力的。トップノートはマンダリンが、ハートノートではフリージアとウォーターメロンが香ります。そしてフレッシュアイリスとサンダルウッドのベースノートが、すべてをより引き立てています。
オードパルファム インテンス（下左）は、最も成熟したローズの香り。ピンクペッパーのトップノートを、サンダルウッドとトンカビーンのベースノートが優しく包み込みます。官能的でフェミニンな香りです。
ロード クロエ（下右）は2012年春に発売されました。ローズウォーターを贅沢に配した露のように軽やかなシプレーローズが、ピュアな酸素のように香ります。

2012春夏コレクションより

お洒落は子供の頃から
磨かれます

Bonpoint

ボンポワン

パリを訪れた時、1区や8区の高級住宅街を歩く子供たちを見かけたことがありますか? 彼らは、身体にフィットしたレザーのブルゾンや、小さな水牛のトグルが付いたダッフルコート、女の子に至っては大人顔負けのシルクのオーガンジーのドレスを着て、綺麗なお母さんに手を引かれながら歩いています。

この街にはセレブ御用達の子供服ブランドがあります。名前は「ボンポワン」。1975年マリ=フランスとベルナール・コーエン夫妻により設立されたメゾンです。ボンポワンには、大人のクチュールブランド顔負けのスタイルと、しっかりとしたコンセプトがあります。品の良い落ち着いたファッション、クラシックさとモダンさを程よいバランスで配合し、さらに子供ならではのユーモアも取り入れ、設立から現在まで、世界中の名だたるセレブたちから愛され続けています。英国エリザベス女王、ベルギーのエリザベット皇女、カトリーヌ・ドヌーブ、アンジェリーナ・ジョリー、マドンナ等もそのフィロソフィーを支持し愛する顧客たちです。

アーティスティック・ディレクター、
クリスティーヌ・イナモラート

現在のアーティスティック・ディレクターはクリスティーヌ・イナモラート。幼い頃からファッションに憧れていた少女はエスモードを卒業し、数々のブランドを経て、1992年マリー=フランスによるキャシャレルの子供服のデザイナーとして任命されます。これが二人の出会い。その後、キャシャレルのデザイナーとして活躍したクリスティーヌは2006年、マリー=フランス・コーエンから後継者として任命され、この最高級子供服ブランドの舵取りを任されます。彼女の芸術的センスとシックな佇まいから表現されるスタイルはすぐに定着し、現在も春夏、秋冬、クリスマスクルーズの年3回のコレクションに、毎シーズン300余りのアイテムを発表しています。

ボンポワンのブティックは白とウッドを基調とした、落ち着いた高級感溢れるインテリアです。子供と一緒に遊びに来たママたちはここでおしゃべりに興じ、子供たちは幼い頃から店内にディスプレイされたたくさんの洋服に囲まれ、遊びの中で自分が好きな物、自分に似合う物を見つけるレッスンを繰り返します。こうして遊びの中で装うことの大切さを学んだ子供たちは、自分のスタイルを持ったお洒落な大人になっていくのです。

現在、ボンポワンは年2回、顧客たちが出演する可愛らしいキャットウォークショーを開催し、コレクションを発表しています。いつもブティックで遊んでいる小さなスーパーモデルたちはここぞとばかりに張り切って、ランウェイを闊歩し、バイヤーやプレスたちをハッピーにしてくれています。

ボンポワンには1枚1枚にフランス語で曜日が刺繍された、7枚セットのスタイや7色の靴下セットがあります。最高の素材でつくられ、優しい色に染められたそのセットは、ママの手間も省き、子供が曜日を覚える教育にも役立ちます。大切な方のお子さまへのギフトにすると、あなたの株もきっと上がりますよ。

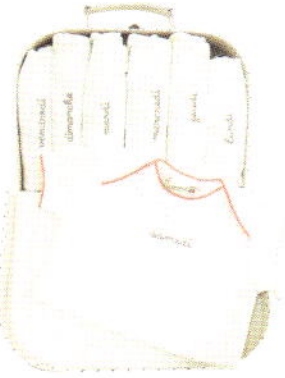

上：子供の想像力を育てる、シンプルで優しいインテリアのボンポワンのショップ。

左：曜日が刺繍された7日分のボディのセット。

2011-12 秋冬コレクションより

いつまでも変わらず「女性」でありたい人に

Christian Dior

クリスチャン ディオール

左から:「ミス ディオール」(シューズ、ピンク)/¥71,400 「ミス ディオール」(シューズ、黒)/¥60,900 「アルティメイト」(財布)/¥66,150 「ミス ディオール」(チェーンバッグ、ピンク)/¥325,500 「レディ ディオール」(クロコバッグ、黒)/¥1,522,500 「レディ ディオール」(パテントバッグ、ピンク)/¥325,500 「ミズ オン ディオール」(ネックレス)/¥157,500 2012夏コレクションより/ジャケット¥430,500/ブラウス¥115,500/スカート¥472,500

ファッション界のリーダー

ムッシュ・ディオールと「メザット・ドレス」を着た女優ジェーン・ラッセル。
1954AW-H line. Reserved Rights

ファッション界のリーダーとして世界中を虜にするクリスチャン・ディオールは1905年フランス・グランヴィルに生まれました。1946年、ディオールは自分の名前でクチュールメゾンを創設し、12月にはモンテーニュ通りにブティックをオープンさせます。そして翌1947年、ファッションの歴史を塗り替えたとされる「ニュールック」を発表したのです。

「8ライン」と名付けられたこのドレスは、誰もが美しく見えるバージャケットと、たっぷり分量を使ったプリーツスカートによる優美なスタイルでした。それまで国のために働いてきた女性たちに対して、真の平和と自由を提案し、新しい時代を予感させるスタイルだったのです。

このコレクションが話題となり、以降、数々の名作を発表。マレーネ・ディートリッヒ、マーガレット王女など、当時の

1957年4月4日『タイム』誌の表紙のムッシュ・ディオール。

セレブリティからも支持を得て、クリスチャンディオールは恐ろしいほどのスピードで世界を席巻していくのです。

雑誌『タイム』の表紙を飾った（1957年4月）後、10月に心臓発作で倒れ、そのまま死去。後任は入社2年目のイヴ・サンローランが務め、以降、マルク・ボアン、ジャン・フランコ・フェレ、ジョン・ガリアーノといったそうそうたるメンバーがこのメゾンの指揮をとってきました。メゾン創立60周年を過ぎた今日でも、ディオール帝国の勢いは留まるところを知りません。

1950年、アルフレッド・ヒッチコック監督作品『舞台恐怖症』で、ムッシュ・ディオールの「アカシア・スーツ」を着たマレーネ・デートリッヒ。 Photo Christophe L. Reserved Rights

1947年2月12日初めてのクリスチャン ディオール コレクションでバージャケットが発表されました。
1948年のおわりまで、テーラーアトリエのプルミエはピエール・カルダンでした。

バージャケットとニュールック

１９４７年ムッシュ・ディオール最初のコレクションから登場しているバージャケットは、後にニュールックと名付けられました。柔らかな丸みを帯びた肩と胸。折れるほど細いウェストの女性らしいシルエットが特徴のジャケットです。バージャケットは、夕暮れ時に、パリのディオールのはす向かいにある「プラザアテネ」のバーでシャンパンカクテルをいただく時をイメージしてデザインされたものです。身にまとうだけで美しいボディラインをつくるこのジャケットは、忙しいファーストレディたちに大変に愛されました。

歴代のデザイナーたちはその神髄を受け継ぎ、２０１２年春夏には進化したシルエットの新しいバージャケットが誕生。ムッシュの時代から引き継がれるこの服の、今後の進化が楽しみです。

1947春夏「コロールライン」のムッシュ・ディオールのスケッチ。

右上：ジョン・ガリアーノのファーストコレクションで発表された「ディオセラスーツ」。1995春夏オートクチュールコレクションより　左上、右下：2012春夏プレタポルテコレクションより　左下：2012-13秋冬コレクションより

ダイアナ妃が愛した「レディ ディオール」

カナージュ柄をラムスキンで
編み上げてつくったレディ ディオール。
「レディ ディオール」ラムスキン、リザード／¥546,000

1995年9月に発表されたバッグ「レディディオール」は、グラン・パレで開催されたセザンヌ展でシラク前大統領夫人からダイアナ妃へ贈られました。ダイアナ妃はこの新作のバッグをとても気に入って、いくつかのバージョンで注文したそうです。

同じ年の11月、バーミンガムの養護施設を訪問したダイアナ妃の手にはレディディオールがありました。この時からこのバッグのサクセスストーリーが始まるのです。

世界中が注目する女性「ダイアナ妃」愛用のバッグとして映ったレディディオールは、世の女性たちの心を一瞬で虜にしました。

元々「カナージュ キュイール」と名付けられていたバッグは、妃認証のもと「レディディオール」と改名されたのです。ちなみに「カナージュ」とは、ムッシュの時代にオートクチュールのサロンで使っていた、ナポレオン三世期の籐の椅子の模様からヒントを得たステッチのパターンです。

コレクションごとに新鮮な姿で登場するレディディオール。

2011年秋冬ではツイードを使ったアーティスティックなものが登場します。ハンドステッチで施されたカナージュがとても印象的でした。

2012年初めにはベルリン在住のアーティスト、アンセルム・ライルが初のコラボレーションをおこなっています。アンセルム・ライルによって、新しいレディディオールの世界がデザインされたのでした。ポップな素材とビビットな色で表現された、少し斜めに傾いたカナージュが、とても楽しいコレクションです。

左：「レディ ディオール 8」
スパンコール刺繍／
¥441,000

右：「レディ ディオール」
ツイードパッチワーク、
クロコ／¥598,500

フランスの象徴として

今まで私は、このメゾンに心を奪われ感動させられてきました。常にエレガントな作品を発表するそれぞれのデザイナーたちに、忘れがたい思い出と、ファッションの素晴らしさを教えてもらってきた気がします。

フランスは国民生活とファッションが密接に関わりをもつ国で、毎シーズン最高の作品を発表することは、賞賛の声を贈られると同時に、「素晴らしくなければならない」という、重度のプレッシャーを与えられることでもあります。

クリスチャンディオールは、ファッション界を牽引するリーダー的な存在であると同時に、フランスの象徴でもあります。国を代表する企業のデザイナー交代劇は常にトップニュースとして伝えられ、コレクションの出来は翌日の株価に影響するほどです。

プレタポルテ、クチュール、メンズ、ハ

ディオールと縁の深いイラストレーター、ルネ・グリュオーをテーマに作品が発表されました。繊細な筆のタッチまで、染めや刺繍で表現されたアーティスティックで素晴らしいコレクションでした。 2012 春夏オートクチュールコレクションバックステージより。

イジュエリーや時計と、いくつものコレクションを発表しているディオールですが、そのショー会場のムードは、他のブランドとはひと味違います。素晴らしいものが見られて当然と期待し、安心しきったジャーナリストや顧客たちの前で、間違いなく確実に素晴らしいものを発表し続けるディオールの姿勢に、私はいつも感動してしまうのです。

伝統やムッシュ・ディオールのＤＮＡを大切にしながらも、革新や進化を恐れないクリスチャン ディオールの世界。一歩先の未来を見せてくれるこのメゾンは、２０１２年春、新しいアーティスティック・ディレクターにラフ・シモンズが就任することを発表しました。１００年後も２００年後もファッション界のリーダーであり続けるに違いありません。

２０１２春夏オートクチュールでは、ディオール本社のサロンを使い、手の届くほどの距離でムッシュ・ディオールの時代の気分たっぷりに、豪華なショーが行われました。モノトーンの美しいグラデーションを、フリルや刺繍で表現した８ラインのドレスです。

8ラインの魅力と努力

ムッシュ・クリスチャン・ディオールは10年という短期間で、今までのファッションの価値観をまったく違うものへと変貌させ、現代服のお手本をつくり出しました。それらは今も世界中のファッションスクールの教科書となっています。そんなディオールを纏うなら、ムッシュの時代、1950年代の女性像に挑戦してみるのはいかがでしょうか。

1950年代、女性たちの間では、より女性らしいスタイルが好まれ、それは世界中で大流行しました。外出時には手袋と帽子の常備がルールで、小さなトーク帽や大きなカプリーヌをかぶるために髪の毛はできるだけ小さくまとめられていました。手袋は既婚か未婚かによってその長さが決められており、上半身は豊かに、ウェストはマーク、スカートはパニエで膨らませるという、8ラインスタイルが当時の女優の着用と映画の世界進出ともあいまって、当時の女性たちを魅了していたのです。

8ラインのスタイルは今でもディオールのコレクションで見ることができます。

ただし、この8ラインのドレスを身につけるためには、気をつけなければならないことがあります。近頃流行っている、ボディコンシャスではないファッションに慣れてしまった女子たちには、過酷なエクササイズが待っていると言っていいでしょう。いくらバージャケットが、着れば美しいボディラインをつくるものであると言っても、それは元々のスタイルが美しければこその話。七分袖からのぞく手首は細くのびていなければなりませんし、広がったスカートの下の脚はカモシカのようにすらりとしていてほしいものです。

高級な物を買って着ればオシャレはおしまい、ではないのです。自分のコンプレックスを言い訳にして甘えていては、美しさは手に入れられません。追及して研究して、そしてディオールの8ラインのドレスを着て、さらに女っぷりをあげる。お洒落のための努力にやり過ぎはないのです。努力した分の美しさからは、きっと自信と余裕があふれているはずです。

ディオールのDNAとして受け継がれる、数々の美しい８ラインのドレスたち。上：2012春夏オートクチュールコレクションより
下：2012春夏プレタポルテコレクションより

伝統と革新、どちらも好きな人に

FENDI

フェンディ

左：ファーコート／¥3,906,000
右奥より：「セレリア」16×23×11cm／¥210,000　「ピーカブー」30×40×15cm／¥510,300　スカーフ／¥68,250「カメレオン」27×37×18.5cm／¥241,500　サングラス／¥30,450　ウォレット／（小）11×12×2cm、¥69,300（大）10×19×3cm、¥72,450　「バゲット」14×26×4cm／¥278,250
シューズ／ヒール11cm／¥72,450

ハンドバッグと毛皮工房

フェンディの歴史は二人の夫婦から始まりました。
若き日の妻アデーレ（左）と夫エドワルド・フェンディ（右）。

1925年エドアルドとアデーレ・フェンディ夫妻がローマのプレビシード通りに開店した、毛皮工房併設の皮革小物店から、このブランドの歴史は始まります。若い職人夫婦が始めた「フェンディ」は1930～40年代にかけて爆発的な人気を博し、あっという間にローマ内外で有名になりました。

そして1965年、当時若手だったカール・ラガーフェルドを毛皮デザイナーに起用したことで、フェンディはファッション界に歴史的革命をもたらします。クラシカルで重厚すぎたファーは、ソフトで軽い機能的な形に変えられ、それまでファッションに使用されることの少なかった皮革がデザインに取り入れられていったのです。

1977年、フェンディはレディ・トゥ・ウェア（既製服）を発表し、コレクションを拡大していきます。1985年には、ローマ現代美術館でカール・ラガーフェルドとのコラボレーション20周年を祝う展覧会を開催。フェンディにとって記念すべき年となりました。そして1997年、アクセサリー部門のクリエイティブ・ディレクター、シルヴィア・フェンディがバッグ「バゲット」を発表し、話題をさらいました。

まもなく創業90周年を迎えるこの老舗ブランドは、現在もデザイナーと職人たちの卓越したクラフツマンシップによってコレクションをつくり続けています。40年以上変わらずに発表され続けている、新しく斬新なコレクションは、毎回ミラノコレクションの注目の的になっているのです。

フェンディを現在のような世界的なファッションブランドにした立役者、カール・ラガーフェルド。フェンディは誰よりも早く若い彼の才能に注目し、起用します。現在もカールとフェンディはともに厚いパートナーシップで結ばれ、日々素晴らしいクリエイションを続けています。

馬具屋「セレリア」

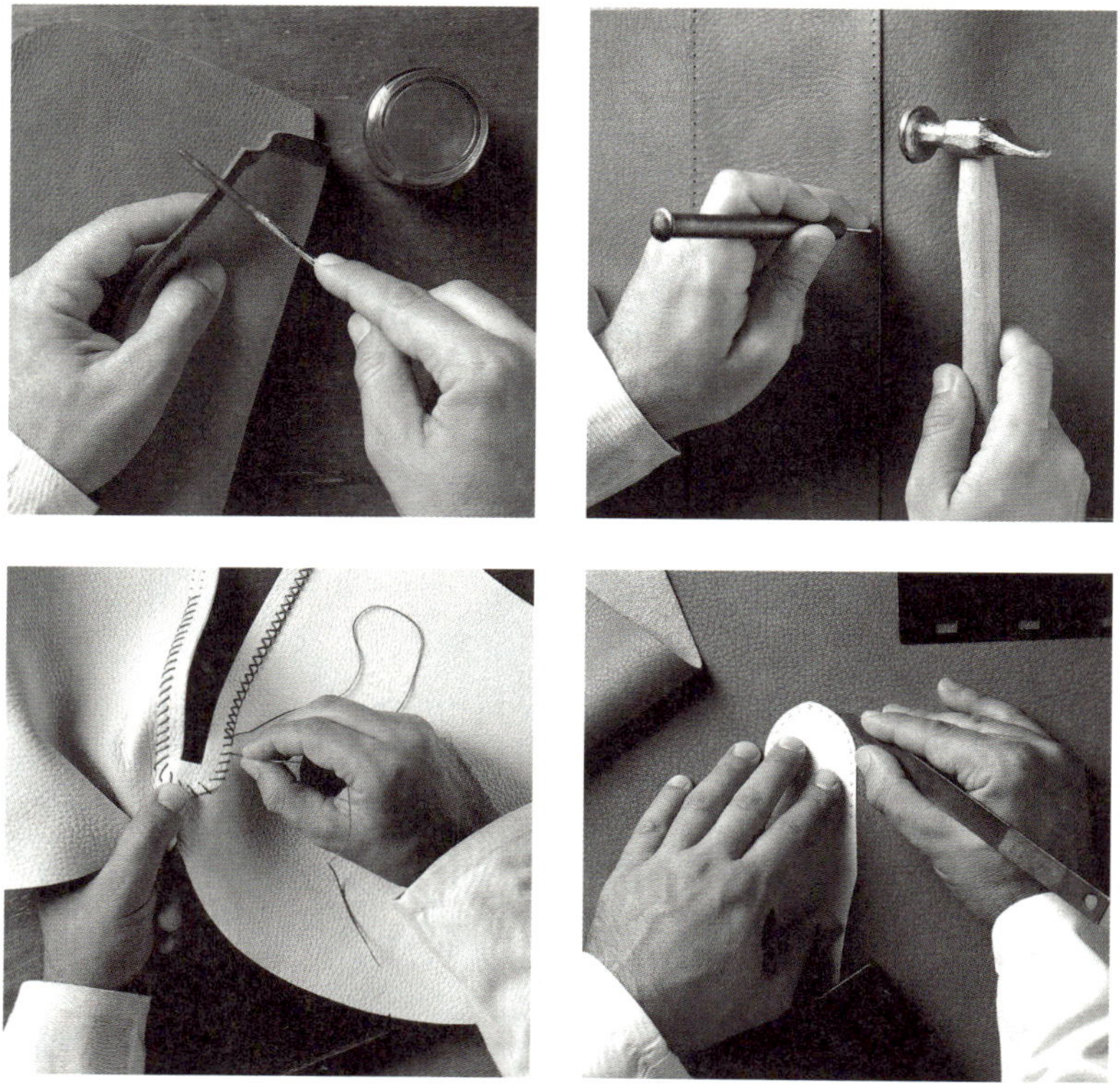

フェンディを語る上ではずせないのが「セレリア」シリーズ。セレリアとはイタリア語で「馬具屋」の意味。伝統的な馬具製法を取り入れたスタイルでつくられています。切り出したパーツを、職人たちは長い時間をかけて手作業で仕上げていきます。セレリアの特徴でもあるハンドステッチは、ざっくりとした縫い目ながらも抜群の強度を持った一流品なのです。

上：一つ一つの工程は、全て熟練した職人たちの手によって制作されていきます。彼らは革工房フェンディというDNAとプライドを担い、自らの子供を世に送り出すように「セレリア」シリーズを完成させ、世界中へ送り出していきます。

左：刻印されるエンブレムや、最後に入れられる布の袋まで、「セレリア」は全て最上級のシリーズです。

上：ヴィラ ボルゲーゼ／¥403,200
下：リンダ／¥371,700

2012年「バゲット」15周年

ジーンズ

「子供たちと庭で遊んでいると、末娘のレオネッタがヒナギクの花を摘んでそれを私のジーンズの上に並べたの」。日常生活の象徴であり、女性のワードローブに欠かせない存在のジーンズ。そんなブルージーンズを初めて用い、バッグを洋服の一部として考えられたのがこのデザインでした。／￥227,850

ファッショナブルで話題性に富んだバッグを提案し続けてきたフェンディには、優秀なバッグがたくさんあります。

シルヴァーナ・マンガーノの繊細さと力強さを表現した「シルヴァーナ」、〝ダブルＦ〟の色合いを使い洗練されたスタイルに仕上げた「ペカン」、予測不可能なほどのカラーパレットからつくられた「カメレオン」。２０１１〜１２年秋冬では「カメレオン」ボストンが発表され、ランウェイでも注目の的でした。

その中でも私が取り上げたいのは、やはり「バゲット」です。１９９７年に発表され、フランスパンを小脇に抱えたようなスタイルから「バゲット」と名付けられた小さなバッグは、瞬く間にファッションピープルたちを虜にしたのでした。これまでに発表されたバゲットのデザインは１０００にもおよび、コレクターズ・アイテムとして、今でも強い人気を誇っています。

近頃では当たり前のように雑誌に登場するオフランウェイのスナップは「誰がどのバゲットを持っているか」に注目したジャーナリストが、モデルやファッションセレブたちをパパラッチしたことから始まったとも言われています。

２０１２年、バゲットは誕生15周年を迎えます。この小さな愛らしいバッグに、注目しないわけにはいきません。

２０１２年春夏には、限定でバゲットの復刻モデルが登場します。デザイナーのシルヴィア・フェンディは一つ一つのバゲットに、自身の想いや言葉を込めてクリエイションしています。

右：オニオオハシ、トゥカーノ／「私は、このバッグでリオ・デ・ジャネイロのカラーやサウンドをいつも身にまとっていたかったの」。長くイタリアとブラジルを行き来する生活を送ったシルヴィアは、ブラジルと活気に満ちたその町、リオ・デ・ジャネイロへ親愛のオマージュ込めバゲットをデザインしました。¥５５９,６５０

左：イエロー／「ポンツァ島（イタリア）にある自宅の窓際に立ち、私はキアイア・ディ・ルナ ビーチにきらきらと輝くゴールドの太陽とそよ風が運ぶ穏やかな波に見とれていました」。クラシックな石を贅沢にあしらいながらも、鮮やかな明るいカラーを用いることによって、デイリー向きに作られた最初のバッグ。¥４３７,８５０

フェンディと映画

フェンディを語る上で、映画は避けては通れない話題です。それぞれに新しいアイディアとエネルギーをこのブランドに注ぎ込んでいたフェンディ家の5人姉妹(パオラ、アンナ、フランカ、カルラ、アルダ)は熱狂的な映画ファンでもありました。

やがて1974年。ルキノ・ヴィスコンティ監督『家族の肖像』で、フェンディはシルヴァーナ・マンガーノ演じる伯爵夫人のための様々な衣装をつくることになります。1983年にはフェデリコ・フェリーニ監督『そして船は行く』の中では、喪に服した登場人物すべての衣装を手がけるなど、映画作品の中でも最高級ブランドの存在感を十二分に発揮し、現在もハリウッドで大人気です。グウィネス・パルトロウ、ミシェル・ファイファーなどの大女優たちがフェンディの美しい毛皮を纏い、名シーンを演じています。

プライベートでもフェンディを愛してやまない女性は大勢います。クラウディア・カルディナーレ、ソフィア・ローレンといったイタリア女優はもちろん、オードリー・ヘプバーン、ローレン・バコール、メリル・ストリープ、ジョディ・フォスター、マドンナ……そうそうたる人々が顧客に名前を連ねています。

フェンディの毛皮に注目して、映画を観るのも楽しみ方の一つです。フェンディを着たときの彼女たちの立ち居振る舞いの美しさを知ることは、このブランドの新しい側面を発見することにつながるかもしれません。

家族の肖像　デジタル・リマスター
無修正完全版 紀伊國屋書店
￥5,040（税込み）発売中
©RUSCONI FILM 1974

左：フェンディの大人気のバッグの名前になり、姉妹たちのミューズでもあったシルヴァーナ・マンガーノ。ルキノ・ヴィスコンティ監督作品『家族の肖像』（1974年）では、裕福なのにどこかデカダンスな香りのする公爵夫人を演じ、フェンディは彼女のために映画史に残るような素晴らしいコスチュームを残しました。

1966-67秋冬コレクションで発表された、ミンクのウエディングドレス。当時重衣料としての概念しかなかった毛皮は、カール・ラガーフェルドが加わったフェンディによって、そのファッション性や可能性を大きく飛躍させます。

№ 066

右：2009-10秋冬コレクションより　中：2011-12 秋冬コレクションより
左：2012 春夏コレクションより

毛皮のバリエーションと可能性

フェンディ＝毛皮。誰もが認める最高級の毛皮を扱うブランドです。カール・ラガーフェルドが加わることで、よりファッショナブルに生まれ変わったフェンディの毛皮は、毛皮の新しい可能性を世界中に提案してきました。

２００９〜１０年秋冬コレクションでは「中世の騎士」というミステリアスさと強さを秘めたコンテンポラリーな女性像を表現。ロシアンセーブルやテライオ（手織り）により実現したモーフィングファーのグラデーションのコートはいずれも秀作でした。２０１１〜１２年秋冬ではドイツ人芸術家クルト・シュビッタースのコラージュ作品をイメージに、アヴァンギャルドでモダンなフェミニズムを展開します。このシーズンに登場した、首に巻くビブ（ＢＩＢ）というアクセサリーは、毛皮の着こなしをさらにファッショナブルなものへと拡大させました。

２０１２年春夏では、１９５０年代のイタリアで一人の女子大学生が科学の教授と恋に落ちた……というユニークな設定のコレクションを発表。ユーモア溢れるテーマは、フォックス、ミンクを使った、ブラック、トロピカルグリーン、トロピカルブルーのグラデーションのジレとして登場し、夏の毛皮を大胆に爽やかに提案しています。

フェンディの毛皮の多くには裏地がついていません。それは、内側までも美しく仕上げられるブランドのプライドなのです。毛皮＝重いという先入観も、フェンディには当てはまりません。

相当な勢いで清水の舞台から飛び降りることにはなりますが、私は、最高級で、間違いなく一生もののフェンディの毛皮に是非トライしてみてほしいなあと思うのです。

24時間、女性であることを楽しみたい人に

JIMMY CHOO

ジミー チュウ

右から：ウェッジサンダル／¥51,450　ゼブラパンプス／¥71,400　赤ピープトゥ／¥92,400　ヌード×ブラック／¥93,450　ストラップ／¥91,350　アンクルカバーシューズ／¥122,850　ラウンドトゥ／¥60,900　グリッターポインテッドトゥフラット／¥55,650　サテンオープントゥ／¥150,150　スエードアンクル／¥124,950

JIMMY CHOO
JIMMY CHOO
JIMMY CHOO

創設者兼チーフ・クリエイティブ・オフィサーであったタマラ・メロン。2011年に辞任。

オスカー受賞者のラッキーチャーム

1996年、イギリス版『ヴォーグ』のアクセサリー・エディターをしていたタマラ・メロンは、ロンドンで活躍していたオートクチュール・シューズ・デザイナー、ジミー・チュウに雑誌の撮影のため作品依頼をします。これがきっかけとなり、ふたりはパートナーシップを取り、世界中の女性を魅了してやまないスタイリッシュで実用的なシューズ・ブランド、ジミー チュウが誕生しました。

1998年にニューヨーク、翌年ロサンゼルスにショップをオープンさせて以降、ジミー チュウの靴はハリウッド・セレブの間で話題になります。女優たちはこぞってレッド・カーペットでこのブランドのシューズを着用し、オスカー受賞者のラッキー・チャームとして認知されていったのです。

その後、2001年にはビジネス・ホールディングスと手を組み、バッグラインをスタートさせます。ビジネスは世界中に広がり、今ではシューズ、バッグ、革小物、アイ・ウェアなど、ラグジュアリー・ライフスタイル・アクセサリーブランドとして、国を問わず高級ブティック街や百貨店で、簡単にその名前を見つけることができます。ブティック・ネットワークはイギリス、アメリカを中心に32カ国、100カ所を超えています。

ブランドスタートから、まだ15年余りのジミー チュウ。タマラ・メロンは2011年に辞任し、現在は、ジミー・チュウの姪であり、創設時からクリエイティブに携わってきたサンドラ・チョイと、後にデザインチームに加わったサイモン・ホロウェイの2名が、シンデレラの靴をつくり続けています。

数多くのヴァリエーションが揃う、ロンドンのフラッグショップ、
スローンストリート店。世界中からジミー チュウ・フリークスが
やってくる、ファンにとってのサンクチュアリです。

CHOO 24:7

上：ヴァンプ サンダル／シャンパングリッター／12cm／¥93,450　中：ポイント トゥ パンプス／パテントベージュ／12cm／¥89,250　下：ポイント トゥ パンプス／パテント黒／8.5cm／¥60,900

2010年2月に発表された「CHOO 24：7」コレクションは、タマラ・メロンのお気に入りのスタイルを集めた「パーフェクト・シューズ・ワードローブ」です。24時間、7日間、どんなシーンにも必ずぴったりの一足が見つかるというコンセプトで誕生したコレクションで、まさに靴の処方箋。

よりベーシックなスタイルをラインナップの中心に据え、色、素材のバリエーションは豊かです。ヒールの高さも、一番バリエーションが豊富な物でフラットから12センチまで7種類が揃えられています。

デビューコレクションでは、デイリーのスタイルには最高級に上質なキッド・レザーやクラシカルなパテントを、ナイトシーンにはレオパードのパテントやシャンパン・グリッター等を使いました。

このコレクションは、ジミー チュウのファンのみならず、ジミー チュウに憧れながらも遠巻きに見ていた女性たちのファースト・ジミー チュウの役割を果たすことにもなったのでした。

このシューズ・コレクションが成功したことで、バッグも展開されていきます。「ジェットセット・ウーマンがどのように旅するのか？」というアイディアからデザインが生まれたこのラインの各アイテムには、その名の通りジェットセッター気分が満載です。ゆったりとしたトートバッグや活動的なメッセンジャーバッグ、トローリーの他、パスポートケースやモバイル用ケース、トラベルウォレット等、スマートなトラベル小物も用意されています。

「CHOO 24：7」コレクションの一番素敵なところは、とにかくリーズナブルであること。価格設定も含めて、女性の気持ちを大切にするジミー チュウならではのホスピタリティなのです。

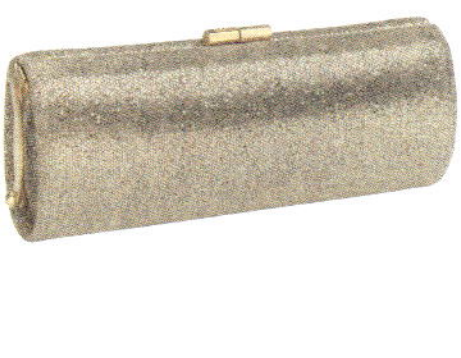

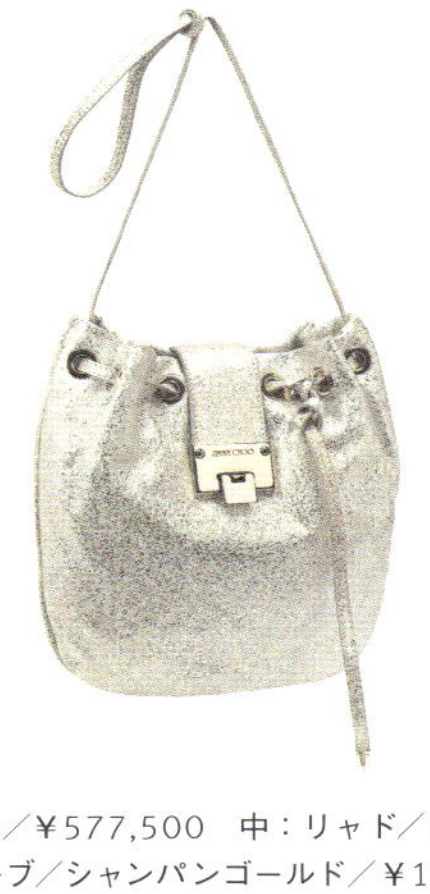

右：トローリー／レオパードプリント／¥577,500　中：リャド／シャンパンゴールド／¥97,650
左：チューブ／シャンパンゴールド／¥135,450

2011「アイコン・コレクション」

上から：グレタ／￥124,950
マレーネ／￥219,450　ティッピ／参考商品

2011年、ブランド創設15周年を記念して発表されたコレクションは、その名も「アイコン・コレクション」。アーカイブスの中から印象深い15点のシューズを、より素敵に昇華させたものです。

映画『セックス・アンド・ザ・シティ』でサラ・ジェシカ・パーカー演じるキャリー・ブラッドショウが「I lost my Choo!」と叫んだことで一躍有名になったフェザーシューズは「マレーネ」と名前を変えイメージ・チェンジされました。アカデミー賞授賞式でナタリー・ポートマンがパープルのマタニティ・ドレスにあわせた「マーシー」は「グレタ」に、タマラ・メロンがエリザベス女王からOBEを授与された時に着用していた「フルール」には「ティッピ」という新しい名前と、進化が加えられました。

15年という短い時間の中でつくられてきた歴史的なシューズ。ファンにとっては待ちに待ったコレクション。

あの伝説のシューズを自分の物にできる喜びに、打ち震えた人は少なくなかったはずです。

ナタリー・ポートマン（2011 年オスカー授賞式）。
『ブラック・スワン』で最優秀主演女優賞受賞。

アンジェリーナ・ジョリー（２００９年ゴールデン・グローブ賞授賞式）。『チェンジリング』で主演女優賞ノミネート。

右：ペネロペ・クルス（2011年カンヌ国際映画祭）。『パイレーツ・オブ・カリビアン』出品。左：サンドラ・ブロック（2010年オスカー授賞式）。『しあわせの隠れ場所』最優秀主演女優賞受賞。

自分でつくる幸せの階段とシンデレラの靴

1999年3月、ジミー チュウはアメリカでの成功のために、アカデミー賞のレッドカーペットに狙いを定めました。女優たちのスタイリストをスイートルームに招待し、授賞式の前日までにドレスに合わせて靴を染め上げ、提供することを約束したのです。世界一の祭典の裏でタマラとサンドラは奔走します。ダイヤモンド・チェーンのついたシューズを求めたケイト・ブランシェットや授賞式3時間前に発注にきたジュリアン・ムーアは乾ききらないシューズを持って会場へ走ったそうです。

毎年恒例のこのプレゼンテーションのおかげで、延べ50人以上の女優たちがジミー チュウのシューズでレッドカーペットを歩きました。

『イン・ハー・シューズ』や『キューティ・ブロンド／ハッピーMAX』などの映画でも、ジミー チュウのシューズはその独得な存在感を放ち名演技をこなしています。

ブランドの歴史も資金力も、まだまだの彼女たちが知恵を絞り、体当たりで斬新なアイディアを実現化しながら勝利を勝ち取ってきた、その姿勢に私はたまらない魅力と勢いを感じます。

幸せの階段は自分たちでつくり、その階段を上るためのシンデレラの靴も自分たちでつくる。自立した自由な現代の女性ならではの新しいパワーによって、ジミー チュウは異例の早さで、ラグジュアリー・ブランドの仲間入りを果たしたのでした。

現在はジミー チュウのディレクションから退いているタマラですが、復帰を求めるファンに向けて「もう少し待ってね。次に私がすることもきっと気にいってもらえるはず」とツイッターで語っているそうです。

スタートは「ロザリー」から

シューズ・ブランドとして不動の地位を築いたジミー チュウですが、バッグ人気も非常に高く、今ではパーティ会場でジミー チュウのクラッチバッグを持ったセレブたちをよく見かけます。

ジミー チュウで初めてバッグがつくられたのは2003年。「JC7」と名付けられた実用的でありながらも、官能的とも思えるそのバッグは、発売前にファッション・セレブたちに配ったことも功を奏して、店頭に並ぶ頃には順番待ちの列ができました。

このブランドのバッグの素晴らしいところ、それはシューズとまったく同じコンセプトでつくられていることにあります。「CHOO 24:7」のベーシックなラインには、グレイニー・カーフを使った「ロザリー」があります。

毎シーズン、素材やカラーを変え登場するこのバッグは、ジミー チュウのバッグのスタートとして、ぜひオススメしたいアイテムです。また、このバッグには「ロザベル」というラージサイズもあります。

他にも『昼顔』に出演する、多面的な魅力をもつカトリーヌ・ドヌーヴをイメージしてつくられた「カトリーヌ」(2011年秋冬発表)や、アヌーク・エーメ主演の映画にインスパイアされたポップでスポーティブな「ジャスティン」(2012年秋冬発表)など、華やかでエレガントなコレクションから、スポーティでありながらも非常にクラフツマンシップに富んだコレクションまで、見るほどに迷うラインナップばかり。ぜひ迷いに迷って、コレ!という一品を見つけてください。

ロザリー/カーフレザー(ヌード)/¥161,700

上：ジャスティン／カーフレザー×パイソン、
ライトカーキ×イエローパイソン／￥306,600
下：カトリーヌ／販売終了

デザイナーのルシアン・ペラフィネ氏。何度かお会いさせていただきましたが、いつも素敵でお洒落な紳士です。Photo: Franck Mura

キング・オブ・カシミア

lucien pellat-finet

ルシアン ペラフィネ

パリには「キング・オブ・カシミア」の称号を持つ素晴らしいデザイナーがいます。彼の名はルシアン・ペラフィネ。一度触れると止められなくなる素晴らしい風合いのカシミア。そんなカシミアをつくることができる、魔法使いのような素敵な紳士です。

ルシアンは若かりし頃から才能に溢れ、ピエール・カルダンのジュニアラインのデザイナー、ヴオーグ・オムのエディター、ティエリー・ミュグレーやシャネルといったブランドのショーのアクセサリースタイリストなど華やかな経験を重ね、1986年にパリ1区ダルジェ通りにブティックをオープンします。

一度は店を閉めますが、1994年再び「ルシアン ペラフィネ」の名前で、ベーシックなデザイン10型と5色に絞ったレディースコレクションをニューヨークで発表。ハイクオリティなその素材と、インターシャ※を使ったデザインにバイヤーやプレス達はたちまち虜になりました。

「キング・オブ・カシミア」という称号はこの時期、彼らから与えられ、今もルシアンのハンドルネームとなっています。

その後1996年にメンズラインを発表。翌年には初のランウェイショーを「コレット」にて開催。1998年にはカシミア100%のキッズラインを発表し、その人気は世界中に広がります。

彼のコレクションはキャットウォークを押し付けるデザイナーたちとは違って、ストリートスタイルをリスペクトした、カシミアウェアの提案が基本です。私も大好きでよく展示会等にお邪魔させてもらいますが、一つ一つの作品に楽しくハッピーな物語やデザインの背景がきちんとあります。お馴染みのスカルやリーフ等のアナーキーなモチーフも、ルシアンの手にかかれば、素敵なエスプリがプラスされ、エレガントで上品なスタイルへと変貌するのです。

手をかけ、試行錯誤を繰り返して生み出

された最高の素材に、アーティスティックで、時代へのメッセージをも添えた最高のユーモア。まさに究極の遊び着。彼のこういうクリエイションの姿勢から、ファンの中には数多くのミュージシャンやアーティストたちが名を連ねています。アーティスト同士が響き合う、何か素敵なパスワードがそのカシミアの繊維の一本一本にまで編み込まれているかのように……。

ルシアンにとって人生はシンプルなものです。それは「喜び」「陽気」「上質さ」を求めること。着る人がその人のスタイルで、自由にワードローブに取り入れ、そして「心地よさ」を体感すること。彼がつくり出す陽気なデザインは、色々な現実の中で時に迷い、道を見失いそうになる私たちへのメッセージのように思えてなりません。

「カシミア」というと、お手入れが大変と思いがちですが、ルシアンのカシミアは洗濯機で洗えるのも嬉しいところ。専用のニットシャンプーも発売されているので安心です。こういった細かいところにまで、ファンに対しての優しさが感じられます。

ルシアン ペラフィネのニットは、まさに一生物の一枚。毛玉だらけになってワンシーズンで捨ててしまうニットではなく、大事に着用し、徐々に自分の体型に馴染む、相棒のようなニットと人生を供に生きて行くということ。あなたもそろそろスイッチしてみてはいかがですか？

※インターシャ：寄木細工が語源で、地糸で編んだ編地の中に別の色の糸でモザイク模様のように文様を嵌め込むような編み方のこと。横編機によって平編、ゴム編、またはパール編で作られます。文様は幾何学柄が多く、セーター、カーディガン、プルオーバーなどに用いられます。

ルシアンのシグネチャーでもあるエレガントなスカルのモチーフは、いつも素敵なバリエーションで楽しませてくれます。2012春夏コレクションより。

毎日ラブとハッピーに
包まれたい人に

LANVIN
ランバン

左ページ上から：「ランバン・JL」¥418,950　「ランバン・ハッピー」¥222,600　チョーカー／¥182,700　クロスネックレス／¥158,550　「ランバン・ハッピー」¥207,900　バレエシューズ／¥58,800　右ページ上から：イーグルネックレス／¥205,800　「ランバン・ハッピー・コロ」¥190,050　バレエシューズ／¥68,250　「ランバン・JL」¥266,700

フランスで最も長い歴史を持つメゾン

創業者ジャンヌ・ランバン。

トレンドの最先端と言われるランバンは、1889年創業の長い歴史を持つクチュール・メゾンです。創始者ジャンヌ・ランバンは半世紀の間に巨大なランバン帝国を築きあげました。

ランバンが支持されるきっかけとなったのは帽子。ジャンヌの洗練された豪華な帽子は、女性たちの心を虜にしました。その後、愛娘マルグリット(後のポリニャック伯爵夫人マリー・ブランシュ。生涯ランバンのイメージモデル、ミューズを務める)の誕生をきっかけに子供服も展開。帽子の顧客たちの間でもすぐに噂になり注文が殺到します。

1909年、ランバンはクチュール組合のメンバーとなり、婦人服部門を設立。爆発的なパワーをもたらしたのでした。

1920年代にはさらなる成長と拡大の時を迎えます。メゾンの部門は広がり、インテリア・デコレーションの会社も展開。この時期アトリエの従業人は800人、毎回のコレクションでは300点の作品が発表されていました。

時代や環境に合わせ、様々な進化と発展を遂げてきたランバンは、ジャンヌ退陣後、アントニオ・カノバス・デル・カスティーヨ(1950-63)、ジュール・フエアンソワ・クラエ(1964-1984)、クロード・モンタナ(1990-1992)等、多くの才能がバトンを渡して、最高のクリエションとクオリティをつなぎます。

そして、2002-03年秋冬より現在のアーティスティック・ディレクター、アルベール・エルバスが10年をかけて、この老舗メゾンをファッションのセンターステージへ引き上げたのでした。

2012年はその10周年記念イヤーで、楽しい限定のアイテムもたくさん登場します。フランスで一番古くて一番新しいメゾン。それがランバンなのです。

現在のアーティステイック・ディレクター、アルベール・エルバス。
10周年を迎え、ますますそのクリエイションは
素晴らしいものになっています。

母娘のロゴマーク

ランバンのショッパーに描かれた手を取り合った母娘のロゴマーク。これは１９０７年に撮影された、ジャンヌ・ランバンとその娘マルグリットの写真が元になってできたマークです。

当時、時代の寵児であった芸術家ポール・イリブが写真からイラストをおこしました。母と娘が手づくりのソワレを纏って、舞踏会に出かけようとしているシーン。そのシルエットからは、二人の仲睦まじく愛に満ちた雰囲気が伝わってきて、なんとも幸せな気分にさせてくれます。

このマークはやがて香水「アルページュ」になり、バッグのチャームになり、今でもラブとハッピーにあふれたこのブランドのアイコンとして、大切に扱われ続けてきているのです。

LANVIN
PARIS

右上：現在のロゴマーク。 右下：1927年に発売された香水「アルページュ」。娘マルグリットの30歳の誕生日を記念してジャンヌがつくった香水。 左：戯れる母娘像は何度となく広告となり、このメゾンのイメージとなりました（ポール・イリブによるイラスト）。

母娘愛というDNA「ランバン・プティット」

2011年6月、アーティスティック・ディレクターのアルベール・エルバスは、子供服ブランド「ランバン・プティット」をニューヨークで発表します。メゾンのDNAとも言える母ジャンヌと娘マルグリットの深い愛情と、ジャンヌの娘の幸せを祈る優しいクリエイションにフィーチャーしたコレクションです。4歳から10歳までの女児用に用意された25体のカプセルコレクションには、ランバンのコレクションピース用の素材を使い、洗いをかけたオーガンジーにクリスタルの刺繍や上質なリボンがあしらわれています。大人顔負けのラグジュアリーなコレクション。このコレクションを纏った4体のお人形も登場し、その売り上げの一部は「デザイニング・ホープ」にチャリティとして寄付されます。生前ジャンヌは娘に「ハイセンスを培うには、子供の頃から素敵な服を纏うことが大事」と言っていたそうです。小さなファッショニスタのためのコレクション。これからの展開が楽しみです。

ママもビックリするような繊細なクオリティで仕立てられた「ランバン・プティット」のドレス。2012春夏コレクションより。
左：¥160,650〜170,100／右：¥61,950〜65,100　※サイズによってプライスが変わります。

右上：2011春夏コレクションより　右下：2011-12秋冬コレクションより
左上：2012春夏コレクションより　左下：2011プレ・フォールコレクションより

主役級のアクセサリー

ランバンのアイテムの中で私が最も注目している物の一つが、アクセサリー。エルバスがアーティスティック・ディレクターに就任した直後に発売した、リボンとパールのネックレスは大ブレイクし、今でも人気商品としてショップに得意げに鎮座しています。

2011年春夏では、流れるようなサテンのドレスに合わせた昆虫のアクセサリーが、2011年プレフォールでは定番のパールがスワロフスキーと一緒に真鍮のケースにはめ込まれていました。2011-12年秋冬では、ビジュー刺繍の花がフェルトに施され、2012年春夏に登場したイーグルのモチーフでは、大きめのビジューが翼を広げています。

どれも1点加えるだけで、十二分に威力を発揮してくれる主役級のアクセサリー。ランバンならではの大人のファンタジーの世界をどんなふうに楽しむか、夢は広がるばかりです。

2011秋冬コレクションより。
「ランバン・ハッピー」スウェード

2012春夏コレクションより。 上:「ランバン・JL」パイソン 中:「ランバン・JL」カーフ 下:「ランバン・ハッピー」(2点とも)カーフ

「ランバン・ハッピー」という名のバッグ

世界中のランバン・ファンの心をつかんで離さない「幸せ」という名のバッグがあります。その出発点となったのはランバンのシグネチャーでもある母娘のマークのチャームがついた、チェーン・バッグでした。

現在発売されている「ランバン・ハッピー」は、アーティスティック・ディレクターのアルベールが考案したもので、クラシカルなクラスプとチェーンはそのままに、グログランリボンをプラスしています。W28×H22×D9センチというサイズもあいまって、このバッグはいまだに世界中のセレブたちから支持されています。今もシーズンごとに様々な素材やカラーが発表され、バリエーションはどんどん進化しています。２０１２年春夏には「ランバン・ＪＬ」を発売。ボウリングスタイルの丸くて愛らしいバッグは、アルベール本人もお気に入りで愛用しています。素材やカラーによってまるで異なる印象をあたえる「ＪＬ」は、男性でも持てそうな機能性も備えた優れものです。

1

2

3

4

5

6

1. 2008-9秋冬コレクションより　2. 2009-10秋冬コレクションより
3・4. 2010-11秋冬コレクションより　5. 2012-13秋冬コレクションより　6. 2011春夏コレクションより

ビジュー刺繍のドレス

1920年代、アール・デコの華やかな時代にランバンは目覚ましく進歩します。その立役者となったのがメゾンのDNAとして発表され続けるビジュー刺繍のドレスです。流れるようなシルエットの柔らかい素材に、繊細に豪華に飾られた数々のビジューは、夜会やパーティが広まったこの時代、女性たちを飾る最高のアイテムとして人気を博したのでした。

アーティスティック・ディレクター、アルベール・エルバスも、就任当初からこの偉大な財産をリスペクトし、コレクションで発表し続けています。ジュエリーを着ているかのように見せてしまう彼のビジュー刺繍ドレスは、もはやアート。大きなビジューをふんだんに使ったり、汚しをかけたミラーや羽根、ブレードを重ねる等、新しいアイディアを続々と発表しています。

女性に自由に羽ばたいて欲しいというメッセージを込めてデザインされた
鳥のモチーフの刺繍のドレス。アンティーク風仕上げの鏡等が
使われています。2012春夏コレクションより。

「ストロングウーマン」をテーマに、強さと優しさ、堅さとソフト等の対比で、新しい女性像を提案しました。２０１２春夏コレクションより。

エルバスのアヴァンギャルドなクリエイションを

ランバンのアーティスティック・ディレクターに就任したエルバスの、ユーモアやリラックスムードのアヴァンギャルドなデザインは、あっという間にファッション界に浸透しました。私はぜひ皆さんに、このエルバスのクリエイションが色濃く反映されているドレスに挑戦していただきたいと思います。

彼のデザインは大胆で繊細。切りっぱなしの縫い目は、一見、着る人に不親切なようにも思えますが、実は無駄な縫い目を排除した分、上質な素材が肌にぴたりと添うので、着る人に余計なストレスを感じさせません。同じように切りっぱなしにした裾は、足元を春風が流れるように優しく風をはらむのです。２００９年秋冬コレクションでは肌に吸い付くような薄く上質なシルクベルベット、２０１０年春夏では張りのあるラジミールを使ったアシンメトリーなデザイン、２０１１年春夏ではスポーツテイストの素材を加えるなど、女性の体を最高に美しくするために最高の素材が選ばれています。

２０１２年春夏では、ベースのデザインを最大限にミニマムにしながらも、最小限のタックやねじりを使うことで、より力強い女性のイメージが生み出されました。ビジューのモチーフでは、スネークや天使の羽が取り入れられ、女性をより強くより自由な方向へ導こうとしているかのようです。

ランバンはランウェイピース以外のアイテムも充実しているので、ショップに足を運ぶとより広いエルバスの世界を楽しむことができます。

袖を通さなければわからないエルバスならではの、明るくポジティブでアヴァンギャルドな世界。とにもかくにも、まずはトライしてみてください。体中の細胞が解放され、喜んでいることをきっと実感できるはずです。

上：2009-10秋冬コレクションより
下：2010春夏コレションより

胸の奥にはいつも情熱を秘めていたい人に

LOEWE

ロエベ

左ページ:「レザー・アイコンズ・コレクション」トレンチコート／¥749,700　「アマソナ」¥273,000　「ラージ ジップ アラウンド ウォレット」¥70,350
右ページ奥から:「アマソナ・ウィークエンダー」¥304,500　「アマソナ 28」¥189,000　「アマソナ」¥241,500　「アマソナ 12」¥82,950　「コンチネンタル・ウォレット」¥69,300

ヨーロッパのエレガンスの象徴

ロエベの創業者、
エンリケ・ロエベ・ロスバーグ。

1846年エンリケ・ロエベ・ロスバーグは、自身の名前を冠したブランドをスペインで誕生させます。1905年、ロスバーグの息子ヒントンの代にロエベは王室御用達の称号を付与され、誇り高き名誉として現在も一部の商品には王冠のマークが配されています。

イグアナ、パイソン、クロコダイルを使ったバッグはヨーロッパのエレガンスの象徴となり、ソフィア・ローレンやアーネスト・ヘミングウェイをはじめとする著名人たちを虜にしていきます。

1965年にロエベはプレタポルテをスタートさせ、75年、現在のアイコンバッグといえる「アマソナ」を発表します。その後、LVMHモエ ヘネシー ルイ ヴィトン・グループの傘下に入り、数年後にはナルシソ・ロドリゲスをクリエイティブ ディレクターに迎え、パリでプレタポルテ・コレクションを行うようになりました。2002−03年秋冬にはホセ・エンリケ・オナ・セルファがクリエイティブ ディレクターに就任し、世界中にフラッグシップショップを展開。そして2008年、現在のクリエイティブ ディレクターであるスチュアート・ヴィヴァースが就任し、ロエベはよりファッションコンシャスなスタイルへとパワーアップしました。

2010年に誕生した「レザー・アイコンズ・コレクション」は極上のレザーを使い、レザーウェアのスタイルをモダンに進化させたスタイリッシュなコレクションとして注目を集めています。

2008年クリエイティブ ディレクターに
就任したスチュアート・ヴィヴァース。

ロエベの顧客として名を連ねた文豪アーネスト・ヘミングウェイのひ孫、
ドリー・ヘミングウェイがアイコンを務めた
レザー・アイコンズ・コレクション。

世界最高水準のロエベレザー

ロエベの代名詞と言えば、世界最高水準のロエベレザーに尽きます。「コルデロ・エントレフィーノ・エスパニョール」と呼ばれる最高級のナパレザーは、ピレネー山脈のスペイン側にある、エントレフィーノ地方の高地で飼育されるラムです。

実際に納品されるのは、さらにその中から厳選された、ロエベの熟練の職人たちのお眼鏡にかなった、わずか数パーセントのレザーだけです。

ロエベのバッグの中には、一枚革の「アマソナ」のように、内側に裏地のない物があります。つまりこれは、内側の縫い目までをも美しく仕上げるということに他なりません。そして、これほどまでの寸分の狂いなき厳しい美意識を実現しているのは、このブランドの「名人」と呼ばれる職人たちのクラフツマンシップであることもまた、忘れてはならない事実です。世界最高水準のレザーと、最高水準の技術こそが、ロエベを支えているのです。

美しい花文字のようなロエベのエンブレムには4つの「L」がデザインされています。

Luxury（高級） Loyalty（忠実）
Love（愛） Leather（革）

4つのLが刻まれた製品は、このブランドのアイデンティティそのものです。ぜひ、長い歴史と伝統を誇る、ロエベの上質な素材を実際に触って、肌で感じてみてください。

美しい人は美しい物を持ちます。美しい物は人をより美しくします。上質と本質を知ることはその人の価値を上げ、人生すら変えていきます。最高級の物との出合いがあなたを待っているかもしれませんよ。

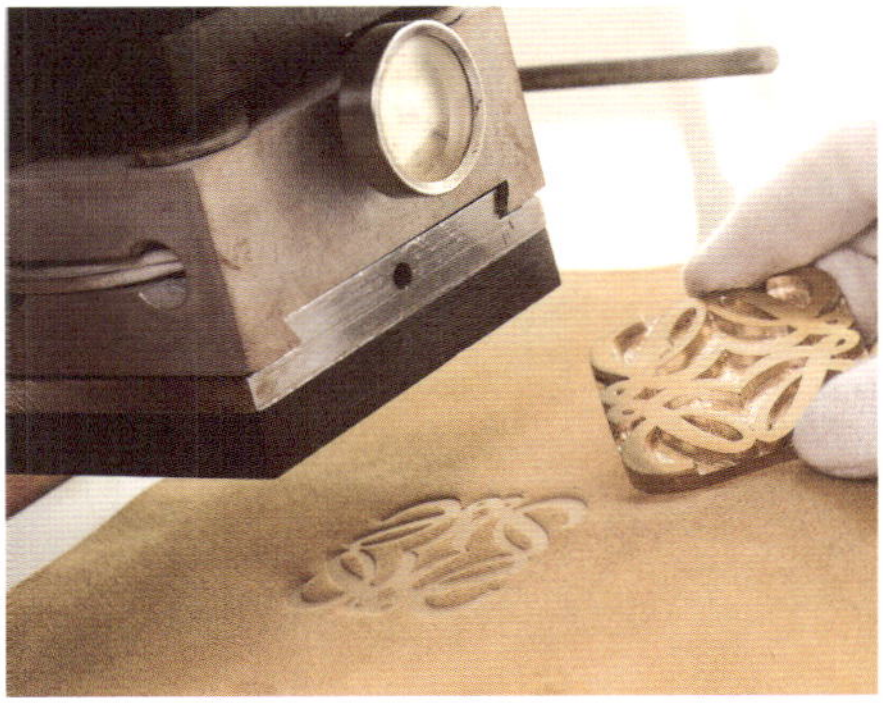

ロエベが誇る世界最高水準のレザーと、何世代にもわたり継承されてきた
クラフツマンシップにより、極上の皮革製品が生まれます。

ラージ ジップ アラウンド ウォレット／¥70,350

左：グラナダ／¥257,250　右：フラメンコ 30／¥241,500

完璧なバッグ「アマソナ」

「アマソナ」¥273,000

１９７５年の誕生以来、今日にいたるまで愛され続けているロエベのアイコンバッグ「アマソナ」。

封建的な価値観から解放され、女性たちが自由な生き方を獲得しようとし始めた時代に、このバッグは発表されます。アマソナの名の示す通り、ロエベは現代のアマゾネス（ギリシャ神話に出てくる勇敢な女性）に捧げるバッグとして、創作したのでした。広い開口部という実用的な部分と、ラグジュアリーなフォルムと上品で洗練されたデザインを共存させた上に、ソフトで軽く実用的でもあるのです。

それはアマソナの熱烈な支持者の年齢層が10代から70代までと、非常に幅広いことの大きな理由にもなっているのかもしれません。

カラー展開は、定番の黒はもちろん、パステルカラーやヴィヴィッドカラー、マルチカラーなど、本当に豊富です。

一番小さなサイズの「アマソナ12」は横幅12センチという、まるでポーチかチャームのように可愛らしいバッグ。アマソナ・ファンでなくても手元に置いておきたくなります。小さくても、細部にいたるまで丁寧にこだわってつくられているのは、他のアマソナ同様です。

ファンの多い「アマソナ28」の横幅は28センチ。カジュアルにもエレガントにも持てるサイズが人気です。

やや大きめの横幅36センチの「アマソナ」はユニセックスに楽しめるサイズが魅力。そして最も大きな「アマソナ・ウィークエンダー」は横幅45センチ。トラベル仕様です。

サイズ、カラー、素材……バリエーション豊かなこのシリーズに、ファンとリピーターが多いのも納得です。

1975年に誕生した
初代「アマソナ」。

2012年春夏コレクションで、私は未だ見たことがないほどの素晴らしいジャケットを目にしました。「パーフェクト・リバーシブルジャケット」はシルクのような手触りの、最高級のナパレザーで仕立てられた、一見もの凄くシンプルなジャケットです。けれど、一級品であることは一目見ればわかります。

一枚革仕立ての、表裏の色にわずかな違いもない染めと均一な厚さ。同じカラーで、表革とスエードというテクスチャーのリバーシブル。完璧に仕上げられた要素のすべてがありました。この作品がショーの最初に発表されたことに、職人たちのプライドと情熱を感じずにはいられませんでした。

彼らは、自分たちがスペイン人だという誇りも忘れません。スペインは無敵艦隊の時代、バロックという文化を誕生させヨーロッパ文化の礎を築き、20世紀最大のアーティスト、ピカソやダリを輩出した、アーティステックな国でもあります。作品は、オランダ人の版画家、マウリッツ・コルネリス・エッシャーとアルハンブラ宮殿の出合いや、スペインのヘレス・デ・ラ・フロンテーラにある王立アンダルシア馬術学校など、毎回スペインという国に拘ったコンセプトで表現されます。

ロエベはとても難しいブランドです。わかりやすいキャッチーな部分の少ない、上質な知的さ。シックすぎるけれど凛としていて、人によっては尻込みをしてしまいます。大人っぽいそのアイテムの佇まいに、ファション通ではない人々は、通り過ぎてしまうブランドです。けれどアイテムに触れて、ブランドを知れば知るほど、その魅力は威力を増していくのです。そして一度その上質な感触を知ってしまったが最後、しだいに肌は他の感触を許さなくなるのですから、恐ろしくさえあります。初めてロエベのバッグに触れたとき、私は鳥肌が立つのを抑えられませんでした。

まさに一級品
パーフェクト・
リバーシブルジャケット

「パーフェクト・リバーシブルコート」も登場しました。2012春夏コレクションより。

2012春夏コレクションでファーストルックを飾った
パーフェクト・リバーシブルジャケット。

2011秋冬コレションで登場したレザーのボンディングに刺繍を施した美しいドレス（右）と、
ガゼルのファーを使ったワイルドなジャケットのルック（左）。

ロエベの魔力

ロエベの2011－12年秋冬プレタポルテのコレクションも、それは素晴らしいものでした。
自分たちはスペインのレザーブランドであるという原点を忘れずに、革を理解し、特徴を知り尽くしているロエベならではの、とても美しい仕事を見ることができるコレクションでした。ボンディングされたレザーに施された刺繍や、オーストリッチのコート、ガゼルやラクーンのファーを使った作品は、どれも一目でブランドのこだわりがわかるような上質な物ばかりで、すぐにでも手に取って、身につけてみたくなりました。

ロエベとは、一度触れると忘れられなくなる、そんな魔力のような魅力をもったブランドです。これから先の人生がどのくらい残っているのかわかりませんが、残りの人生、どうせだったら、より肌触りの良い上質なバッグや革製品と一緒に過ごして、人生を豊かにしていきたいと思いませんか？

1

2

3

4

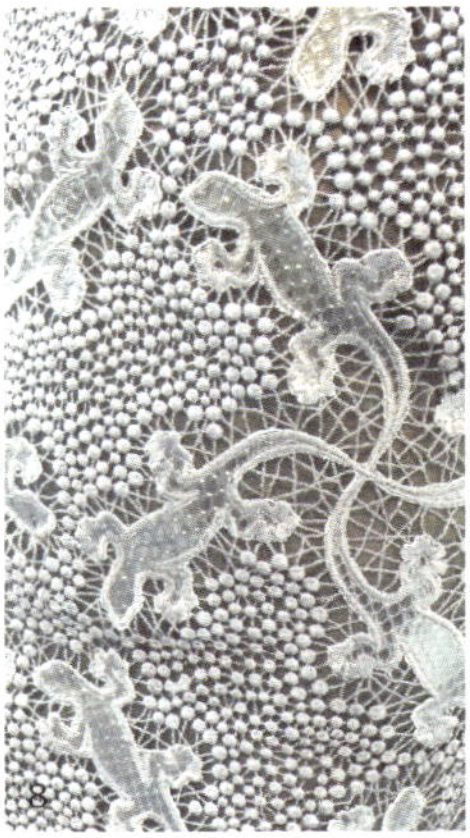
8

5

6

7

1：2012－13秋冬メンズコレクション展示会　2・3：2012－13秋冬コレクション　4〜8：2012春夏コレクション

セクシーでグラマラスな
女性になりたい！人に

Sergio Rossi

セルジオ・ロッシ

2012春夏コレクションで、セルジオ・ロッシのクリエイティブ・ディレクター、フランチェスコ・ルッソは、ハイテンションな衝撃や過激さを表現したコレクションを発表しました。カラーはとにかくビビット。デジタルで描かれた超現実的なフラワープリント、パールのめしべがあしらあわれたコットンのユリで飾られたサンダル、同じユリのモチーフはスワロフスキーストラスにも登場します。蛍光カラーのクリアーなヒールのサンダルや、デニム素材、スタッズを施したロックテイストの物まで、官能的な夏のシーズンを華やかに飾ります。

sergio rossi
sergio rossi
sergio rossi

靴づくりの申し子

セルジオ・ロッシの靴は、毎回グラマスでチャーミングです。2011-12秋冬コレクションでは、ヴェネチアのカーニバルを思わせるフリルや、ハラコにプリントをかけ、ビビットなファーを飾ったもの等が登場しました。

創業者セルジオ・ロッシの生家は靴屋で、父親はオートクチュールの靴をつくる職人。彼のなかには幼少から靴づくりの基礎と職人魂が刷り込まれていました。

1960年代、トータル ルックにこだわったファッションデザイナーたちが、彼の個性的な靴に興味を持ちはじめ、自らデザインした服のためにこぞってセルジオ・ロッシに靴の製作を依頼するようになりました。デザイナーたちが評価したのは、セルジオ・ロッシがもっていた本質を見抜く眼力、トレンドを見極めてその先を予測する洞察力、そして類まれなる表現力でした。デザイナーたち思い思いの（時には極めて難しい）リクエストに応えながら、彼は数多くの経験を積み、靴という小さな世界の中で様々な表現を繰り返していきます。そして1980〜90年代にヨーロッパ全土はもちろんのこと、ニューヨークにも直営店をオープンさせるなど、本格的なビジネスの拡大がなされていきます。ニーマン・マーカス、サックス・フィフスアベニューなど一流デパートとのパートナーシップを結んだのもこの頃です。セクシーでありながらヨーロッパの感覚にあふれ、上質で履きやすいセルジオ・ロッシの靴は、アメリカのブルジョワ階級の間で大ブレイクしました。

1999年、グッチ・グループに加わったことをきっかけに、セルジオ・ロッシは世界中にその名を知らしめることになります。

2005年にはレディースシューズラインのシニアデザイナーとして、プエルトリコ出身のエドムンド・カスティーリョが参加。2009年にはフランチェスコ・ルッソがレディースシューズ、バッグに加え、メンズ アイテムのデザインを担当し、その地位をより確かなものにしていきました。

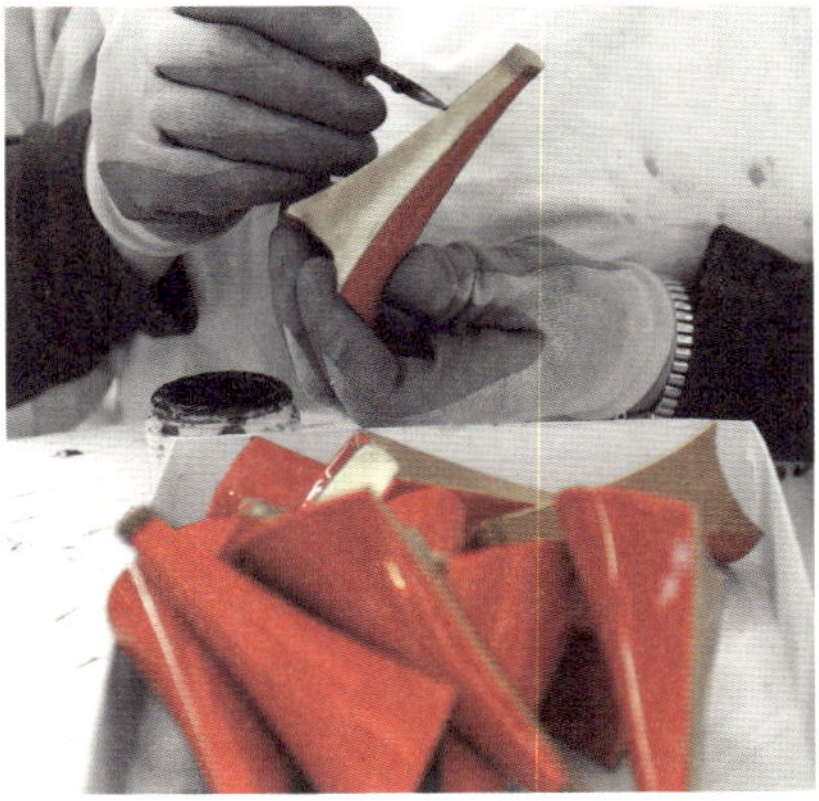
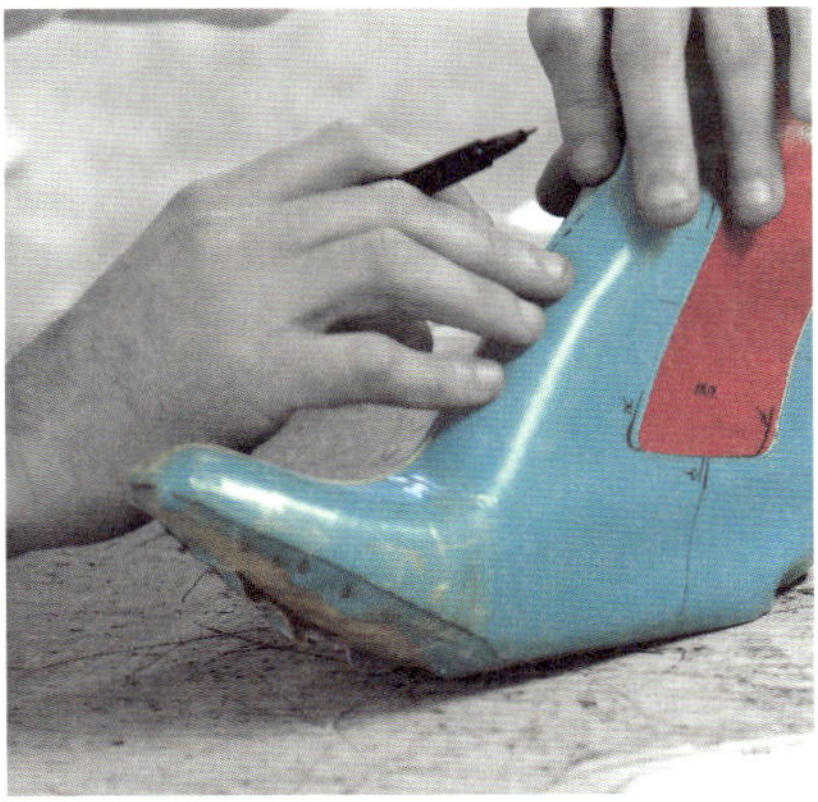

どんなに美しい靴も、熟練した職人の手仕事によって
一つ一つ大切につくられ、そして、世界に送り出されます。

スワロフスキーストラスとビジュー

「履く宝石」。セルジオ・ロッシのシューズは、この言葉がぴったりな靴です。中でも、スワロフスキーやビジューを使用したものは、毎回デザインを変えながら、進化しながら、私達の目と足を楽しませてくれます。毎シーズン登場するこれらの靴は、セルジオ・ロッシのコレクションのメインキャストです。

2011年春夏では、鱗を思わせるような、細かいカッティングが施されたレザーの上に、小さなスワロフスキーが美しく並べられました。ヌードベージュやゴールドのバージョンが、さながら脚を手に入れた人魚姫のような瑞々しい美しさを放っていました。

2011-12年秋冬になると、ビジューの靴のモチーフは蝶になります。羽根を広げた蝶が、足の甲にヒラリと止まったようなモチーフには、びっしりとスワロフスキーが敷き詰められています。足首に蝶が止まったようなバージョンでは、マルチカラーのスワロフスキーが飾られ、ベルベットで覆われたシューズ本体と比べると、グロッシーとマットな二つの違う光沢を楽しめるものになっていて、とても印象的です。

2012年プレスプリングでは、スネークを思わせる流動的なモチーフが登場します。微妙にグラデーションの効いたスワロフスキーがエレガントにセクシーに輝き、春のパーティシーンを演出するのにぴったりな一足です。

大人のエレガントさが保証されたかのようなシューズの数々。いずれ劣らぬ艶やかで華やかなものばかりのコレクションに、女性たちは心を奪われるのです。

右：2011-12 秋冬コレクション。蝶のモチーフのスワロフスキーストラスのシューズ。 左：2012 プレスプリングコレクションの流線的なモチーフのシューズ。

足首にひらりと蝶が止まったような美しいシューズ。土台のレザーワークから覗く肌の色も計算されてデザインされています。2011-12秋冬コレクションより。

№ 111

「キャセ」と「マネキン」

上：「マネキン」　下：「キャセ」
どちらも2012春夏コレクションより

アーティスティックで華やかなコレクションが目立つセルジオ・ロッシの中でも、常に愛され続けている美しいスタイルのシューズがあります。

「キャセ」というシューズは、ヒールの美しさを誇る華やかなシューズ。ヒールが高い割には、程よく傾斜のあるプラットホームのデザインにより、驚きの快適さと安定した履き心地となっています。美しく洗練されたデザインでありながら、素材もカーフレザーやパテント、ファブリックとバリエーションも豊かです。オープンヒールや、指先のティアドロップ型ピープトゥ等、細かいテクニックが施されているのも嬉しいところです。

もう一つ、ロッシには「マネキン」という安定感のあるヒールのパンプスがあります。ホールド力に富んだ外側のデザインと、計算された浅いカーブの内側のデザインは、キャセ同様、快適な履き心地と美しい脚のラインをつくり出します。5.5、7、9センチとヒールの高さを選べる所も支持され、世代を超えて愛される定番のパーフェクトハイヒールです。

ASHA
アシャ

「アシャ」のヒールは基本9センチ。ノーズも浅く、より女性らしいシルエットが特徴です。マネキンに比べて、サイドにホールド感があるのと、ヒールが少し内側に付いていることで安定感もあります。

アシャの良い所は、その素材とカラーバリエーションの豊富さにあります。最高級の子牛革やウサギ等、パーティやフォーマルには持ってこいのマテリアルから、デイリーユースにぴったりなキャンバスのシリーズまでが揃っています。一度気に入ってしまうと、カラーや素材のバリエーションで揃えるファンも多いのだとか。

この高さのヒールにトライできずにいた方はぜひ、ファースト9センチヒールを試してみてはいかがですか？ ハイヒール恐怖症とさよならできるかもしれません。

豊富なカラーバリエーションを誇るアシャ。

Photo:©WireImage/Getty Images

セレブの中のセレブ、マドンナもセルジオ・ロッシの愛用者で、いろいろな場所でパパラッチされています。２０１２年ゴールデングローブ賞授賞式で。

ロッシにとっての靴

2011-12秋冬コレクション

靴は職人たちの力が強いジャンル。靴職人の家に生まれたセルジオ・ロッシは、靴職人のDNAを受け継ぎながら、着こなしを決める最終手段にまで靴の地位を上げた人物です。特に故ジャンニ・ヴェルサーチとの出会いは、彼の人生に大きく影響しました。グラマラスな世界感を得意としたジャンニのクリエイションと出会ったロッシのシューズは、イタリア・ファッションが世界を席巻し始めた時代にあって、まさに鬼に金棒だったのです。

二人は世界に向けて、次々に素晴らしいコラボレーションを発表していきます。セルジオ・ロッシの靴は、またたく間に話題となり、世界中から注文が殺到するようになるのです。けれど、どんなに多忙を極める状況にあった時でも、ロッシはジャンニの依頼だけは絶対に断らなかったそうです。そんなエピソードからは、イタリア人としての人を想う熱い血がロッシに流れていることが感じられて、彼と彼の靴をより魅力的なものに思わせるのです。

ロッシにとって靴はアートであり、アクセサリーでもあります。女性の脚を美しく完成させるための、重要な要素なのです。

ロッシの靴は一見、難しそうに感じてしまうデザインのものであっても、実際に足を入れると、優しく寄り添い支えてくれる、抜群の履き心地を保証します。細く尖ったスティレット・ヒールは軽く、まるで羽を身につけたかのような感覚になるのです。

『シンデレラ』や『たけくらべ』(履物ですけれど)にもあるように、女性は昔から靴に対して独特の感情を持っているのではないでしょうか。

靴は女性を幸せに導く乗り物。美しい靴は履く人を美しい場所へ導きますし、気分が高揚して行動範囲が広がり、新しい世界への扉を開く鍵にもなり得るのです。

人生における特別な役割を、ロッシの靴に担ってもらうというのは素晴らしい選択だと、私には思えてなりません。

2012 春夏コレクション

自分だけのセクシーを見つけるために

2012春夏では、ボンテージをイメージしたアイテムが登場します。こちらはボディーベルトです。

身につける女性をロマンティックな気分にさせ、それを見つめる男性には強烈なイメージを与えるロッシの世界。このブランドの魅力は「Glomorous（魅惑的）」の一言に尽きます。

ロッシのコレクションにはエロティックなモチーフが多く登場します。

ストラップは驚くほど細く繊細に仕上げられ、ヒールの配置される位置も完璧。レザーワークから覗く綿密に計算された肌の分量、スワロフスキーストラスやビジューの分量まで、他のブランドとは違う、エロティックで華やかなクリエイションのために一役買います。

日本人女性たちの持つ「セクシー」のイメージは、実はかなりワンパターンで貧相なものです。

セクシーとは元来、人間の生きる意思につながるパワーを持った前向きな感情であることを知ってください。

私にはロッシの靴は、そんな人間の本能

ヌードベージュのレザーと、真っ赤なシルクのロープが、フェティッシュなムードを醸し出します。

までも解放してしまう美しく官能的なもののように思えます。男性誌を賑わせているような、媚びた、はしたないセクシーは捨て、日々の中にグラマラスで上質な時間を持ちたいものです。

例えばあなたがグラマラスだと感じるロッシの靴が、真っ赤なピンヒールだったとしましょう。その時には是非ネイルとリップを同じ赤に、それ以外は黒にしてみてください。全体の中にほんの少しだけ入れられた赤は、見る側にちょっぴり不思議な違和感をもたらします。この違和感こそが、セクシーなのです。

セクシーさとは千差万別のもの。自分だけの「セクシー」を見つけることは、自分の魅力を見つけることにつながります。魅力を探るために、美しい靴に投資することはクールな方法だと、私は思います。

パリジェンヌのワードローブ

vanessabruno

ヴァネッサ・ブリューノ

皆さんはパリジェンヌと聞くとどんなイメージを持ちますか？ すらりと長く伸びた四肢、長いプラチナブロンド、清楚でノーブルな微笑みの裏に小悪魔的な残酷さを隠すような女性。フィルム・ノワールの中に出て来るような、華奢な指で、最後に引き金を引いてしまうファム・ファタール（運命の女性）……。私にとってのヴァネッサ・ブリューノの描く女性像は、そんな繊細で大胆なイメージです。幾度となく、お仕事でこのデザイナーの作品を使わせて頂きましたが、綿密に計算されたシンプルとクールさ、その中に清楚さ、多少のワイルド感が加わった絶妙なバランスは女優さんたちからも厚い支持を受けています。

デザイナーのヴァネッサ・ブリューノはパリ生まれ。18歳の頃カナダに滞在し、自由な文化に触れ感性を磨きます。美しいその容姿からモデルの経験もあり、若かりし頃は90年代イギリスミュージックシーンに傾倒。美術や工芸にまで精通した美しい女性です。カナダから帰国した後、様々なメゾンで経験を積み、1992年に自身の名のブランド「ヴァネッサ・ブリューノ」を立ち上げます。1995年にはカジュアルでリラックスしたライン「アテ・ヴァネッサ・ブリューノ」を発表。人から指示されて着るのではなく、自分自身が着心地の良い物を選ぶというスタイルで人々の人気を集めています。

現在はパリコレの常連として、毎回素敵な作品を発表。リラックスの中に彼

2012春夏コレクションでは、イギリスのカントリースタイルとパンクや、L.Aのライダースタイルのミックスした、ポップでクールなコレクションを発表しました。

女のメッセージや新しいテクニックを盛り込んだ実に爽やかなコレクションは、スケジュール後半戦の疲れが出てきた身体を優しく癒してくれます。

独特の表現方法を持って創り出される、着心地のよい彼女のクリエイション。でも、その優しいムードの見かけとは違って実はかなりアヴァンギャルドです。左右がズレたような巧みなアシンメトリーのカットソーや、裾を膨らませ前後にひねりを加えたブラウス。捻ることによって襟ぐりが美しい図形を描きだすそのスタイルは、コンテンポラリーアートのような印象を受けます。実際、ヴァネッサ・ブリューノのショップはミュージアムさながらで、顧客たちをアーティスティックに、そして優しく迎えてくれるのです。彼女自身が持つ魅力からくるのか、このブランドの服はとても中性的。ショートパンツやライダースジャケット等、男性っぽいアイテムには特に定評があります。あくまでのそのスタイルは、媚びない女性が自分で袖を通したくなる、そして心地よさを感じられる服なのです。

ぜひショップに足を運んで袖を通してみて下さい。彼女の持つパリ生まれのエスプリと、世界を自由に旅した開放感、そしてアーティスティックなディティールに、たちまち魅了されることでしょう。彼女の服はとてもシンプルで、究極のリアルクローズです。でも、どことなくパリジェンヌになれた気がしてしまう……。ヴァネッサ・ブリューノはそんな不思議で素敵な作品を日々提案しています。

1. 2011春夏コレクションより　2. 2010-11秋冬コレクションより　3・4. 2012春夏コレクションより　5. 2011-12秋冬コレクションより　6・7. 2010春夏コレクションより　8. 2009秋冬コレクションより

真実の愛を求める人に

TIFFANY&Co.

ティファニー

ティファニーとの関わりの深いダイヤモンド、イエローダイヤモンド、タンザナイトを使用したジュエリーの数々。「ティファニー キー」、「ティファニー ロック」、「ティファニー セレブレーション リング」やエンゲージメント リング。

毎日身につけてほしいジュエリー

創業者チャールズ・ルイス・ティファニー。
Photo credit: Tiffany & Co.

ティファニー（ティファニー・アンド・カンパニー）の創業者チャールズ・ルイス・ティファニーは、世界中の豪華なジュエリーを手がけるために、執念とも言うべきほどの情熱を注いだ人でした。

1800年代にはヨーロッパ貴族や王族からダイヤモンドや、ナポレオン三世の皇后ウージェニーのコレクションなど大量買い付けを行い、当時「キング オブ ダイヤモンド」の名をほしいままにします。

1867年、ティファニーはパリ万国博覧会に初出品＆初受賞。その後も数々の万国博覧会で最優秀賞受賞を果たしていきます。

1902年には息子のルイス・コンフォート・ティファニーがアートディレクターに就任し「アート ジュエリー」と称されたジュエリーを発表。ドラゴンフライのモチーフなど、有機的なスタイルの作品が世に出ました。芸術家であり、多大な才能の持ち主だった彼の作品の一部は、世界各国の名だたる美術館に所蔵されています。

その後ティファニーは、ジーン・シュランバーゼー（1956年 ジュエリーデザイナー）、エルサ・ペレッティ（1974年ジュエリーデザイナー）、パロマ・ピカソ（1980年 ジュエリーデザイナー）、フランク・ゲーリー（2006年 建築家）など、様々な才能を取り入れながら顧客の心を捉えていきました。

オードリー・ヘプバーン主演の映画『ティファニーで朝食を』が公開されたのは1961年。顧客だったジャクリーン・ケネディの存在もあいまって、ティファニーの名は世界中に広がっていきます。

チャールズ・ルイス・ティファニーは言います。「ティファニーのジュエリーは金庫に保管するのではなく、毎日身につけてほしいものです」「美しいデザインは美しい人生を創るのです」

ティファニーの歴史はアメリカの歴史。建国間もないこの国でティファニーは、数々の成功と発展を遂げていきます。 上:創業者チャールズ・ルイス・ティファニー(左)とチャールズ・T・クック(右)。当時のユニオン・スクエア店にて。1902年チャールズ・ルイス・ティファニーの亡き後、ティファニーの手綱はチャールズ・T・クックが取ることになります。Photo credit : The Jewelers' Circular　下：ティファニー最初の店は1837年から1847年まで、ニューヨークのブロードウェイ、259番地に出店しました。Photo credit : Tiffany & Co. Archives

ティファニー
レザー コレクション

デザインディレクターのリチャード・ランバートソンとジョン・トリュエックスがつくり出すバッグのラインに「ティファニーレザー コレクション」があります。カスタム・デザインの金具やティファニーブルーのレザーの裏地を使うなど、細かい部分にまでこだわってつくられた、クラフツマンシップに満ちたバッグたちです。

リチャード・ランバートソンとジョン・トリュエックスは1998年に「ランバートン・トリュエックス」を創設した二人で、2000年にはCFDA（アメリカファッション協議会）のアクセサリーデザイナー オブ ザ イヤーとACE賞のデザイン部門の賞を手にした実力派です。

2011-12ホリデーシーズンに登場した「ティファニー モルガン クラッチ」は、キャメルやブラックといった色のサテンを使い、独特のふっくらとしたシェイプを持ったクラッチバッグ。色味にあわせて、留め具にタイガーアイやジェットのビーズを用い、持つ人の装いやジュエリーとのバランスをも考えられた、とても美しいバッグです。

「ティファニー ブレスレット バッグ」は、その名の通り、大きなビーズタイプのチェーンを使いブレスレットのように見える仕上げを施した、遊び心にあふれたバッグ。

2012年春には「ティファニー ホリー クラッチ」のデザインに新作が登場。ラフィアに月桂樹やサンバーストのモチーフがビーズ刺繍された、ナチュラルで爽やかなバッグです。

「ティファニー ブレスレット バッグ」
右：オニキス／¥93,450
左：ティファニーブルー／¥93,450
Photo credit : Tiffany & Co. Archives

タイガー アイのビーズでつくられたキス ロック クロージャーが可愛らしい、
キャメル色のサテンの「ティファニー モルガン クラッチ」。¥140,700
Photo credit : Tiffany&Co. Archives

ダイヤモンド リングとティファニー ブルー

ブルーボックスに込められた愛の結晶は、永遠に女性にとっての憧れです。ティファニー セッティング ダイヤモンド エンゲージメント リング。 Photo credit : Carlton Davis

1886年に発表されたティファニー セッティングのダイヤモンド リングは、現在も永遠に女性の憧れです。カットが施されたダイヤモンドを、独創的な6本爪でシャンクから持ち上げることで、あらゆる方向から光を取り入れたこのリングは、当時「ティファニーのリングの輝きは、人ごみの向こうからでも見える」と絶賛されました。シャンクから宝石を持ち上げるという発想は、当時にはなかったもので、現在では宝石のセッティング方法のスタンダードとなっています。

そして、この、シンプルなのに世界一美しく輝くリングは、数年後には「真実の愛と生涯の誓い」のシンボルとして不動の地位を築きます。今日定番となったエンゲージメント・リングを世の中に送り出したのもティファニーです。

そのリングを収めるための小さなボックスの色は、印象的なブルー。現在ではティファニー ブルーとして誰もが知る色となりました。

このブルーは、春を告げる「こまどり」の卵の色をイメージしたものです。こまどりの卵のブルーは、土地や資産を記載する重要な台帳の表紙に使われていたという記録が示す通り、これは大切なものを表す色でもあったのです。そしてまたブルーは、真実や高潔さをイメージする色でもありました。

当時の花嫁にも人気が高い色でもあり、この色を写した宝石でもあるターコイズを、結婚式の主席者におくる習慣もありました。

そんな伝統がチャールズ・ルイス・ティファニーが掲げる「ティファニーの品々はどれも気高くあらねばならない」という信念にも合致し、彼はこのブルーを用いることを決めたのです。1845年、ティファニーが米国初のメールオーダーサービスを始め、その後1878年版のカタログからこの色が表紙に使われるようになりました。

右：今やこのティファニー ブルーは女性を幸福にする魔法の色です。Photo credit：Tiffany & Co.

右リング／上：ティファニー セッティング ダイヤモンド エンゲージメント リング　下：バンド リング／ダイヤモンド、プラチナ　左リング／上：ティファニー セッティング ダイヤモンド エンゲージメント リング　下：ナイフエッジ バンド リング
Photo credit：Carlton Davis

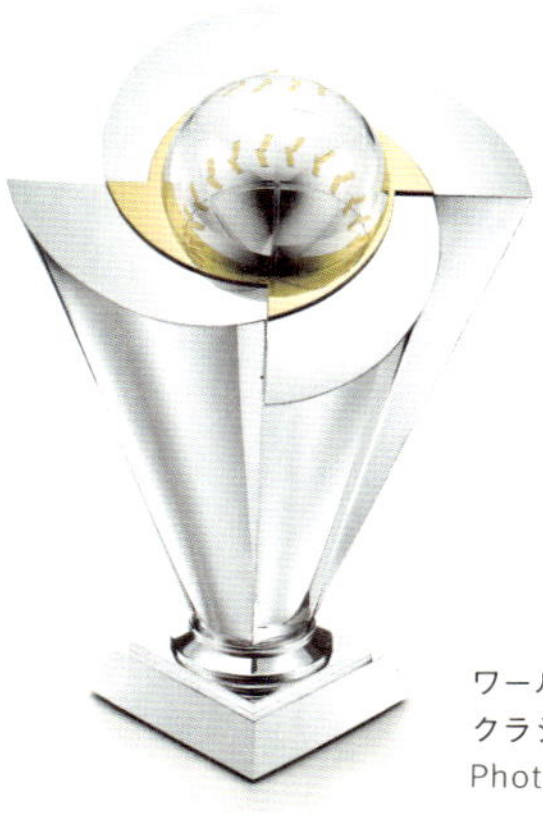

ワールド ベースボール
クラシックのトロフィー。
Photo credit : Tiffany & Co.

愛と幸福に満ちたジュエリー

「True Love（真実の愛）」。それはティファニーが常に大切にしてきたコンセプト。ティファニーとは愛と幸福に満ちた、かけがえのない時間を祝福するジュエラーなのです。

このコンセプトが最も色濃く表現されているのが「ティファニー セレブレーション リング」。現在１００種類以上のラインナップが存在するリングで、エンゲージに好まれるティファニー セッティングのリングとの相性も抜群です。

最近登場した「ティファニー キー」も、同じように幸せの瞬間を表現したものです。金銀細工師たちによってつくられたキーのアーカイブスからヒントを得て、制作されています。デザインもサイズも素材もバリエーション豊か。大切な物を開けてきた鍵は、きっと人生を拓く鍵にもなるのです。

「シンプルで上質、時を超えるデザインと価値」の理念を持ったティファニーの作品は、大切な人を祝福するために、あるいは自分へのご褒美に、最高に素敵な贈り物です。

ティファニーのちょっと意外なブランド・エピソードに、スポーツ界におけるトロフィーの制作があります。ＷＢＣの優勝トロフィーやＮＢＡのラリー・オブライエントロフィー、ＮＦＬのスーパーボール トロフィー（ヴィンス・ロンバルディトロフィー）、１９８０年冬季オリンピックのメダル……。２００６年にはマリア・シャラポワがティファニーデザインのカップを手にしてきました。

元々銀製品の最高の技術を持っていたこのブランドは、これまで世界中の博覧会でたくさんの賞を受賞し、祝福されてきました。現在は、その確かな技術によって、多くの人々の勝利や感動の瞬間を祝福し続けているのです。

左から：ミニ ヴィンテージ オーバル キー／ダイヤモンド、18kローズゴールド／¥178,500　チェッカーボード キー／ダイヤモンド、プラチナ／¥483, 000　ブロッサム キー／ダイヤモンド、18kローズゴールド、イエローゴールド／¥140,700　クワトロ ハート キー／ダイヤモンド、プラチナ／¥483,000　クローバー キー／ダイヤモンド、18kローズゴールド／¥178,500 オルネート ハート キー／ダイヤモンド、プラチナ／¥918,750
すべてチェーンは別売
Photo credit : Tiffany & Co.

上から：ティファニー ノヴォ リング／ダイヤモンド、プラチナ／¥383,250～　ティファニー スウィング リング／ダイヤモンド、プラチナ／¥535,500（2点）ティファニー ジャズ リング／ベゼル セッティング ダイヤモンド、プラチナ／¥388,500～、¥483,000～　Photo credit : Tiffany & Co.

上から：ティファニー スウィング リング／ダイヤモンド、ピンクサファイア／¥472,500　ティファニー スウィング リング／ダイヤモンド、プラチナ／¥509,250　ティファニー ノヴォ リング／ダイヤモンド、18kローズゴールド／¥320,250～　ティファニー スウィング リング／ダイヤモンド、プラチナ／¥320,250～　ティファニー ノヴォ リング／ダイヤモンド、18kイエローゴールド／¥320,250～
Photo credit : Carlton Davis

ジーン・シュランバーゼーの鳥や花

Photo credit : Tiffany & Co.

1956年、ティファニーのデザイナーに就任したジーン・シュランバーゼーは、幻想的な鳥やエキゾティックな海の生物、美しい花のモチーフを用い、ゴールドと様々な色石を組み合わせながら、ゴージャスでグラマラスな作品を数多く残しました。

華やかなシルクサテンのイブニングドレスに、花や鳥のモチーフで飾られたダイヤモンドやターコイズのジュエリーを合わせる等、王道的に楽しめる作品が揃っています。

エルサ・ペレッティの彫刻的デザイン

Photo credit : Carola Palakov

1974年に歴史的大ヒットとなったオープンハートを手掛けたエルサ・ペレッティ。ティファニーで新たな試みであったシルバー素材のジュエリーは彼女のデザインで大成功をおさめ、若い世代からも絶大な人気を得るようになりました。ペレッティの作品は是非シンプルに身につけてください。いつもより一つ多くボタンをはずしたシンプルなコットンシャツや、リネンのサンドレスに。ナチュラルで洗練された作品は、あなたの心を落ち着けてくれるはずです。

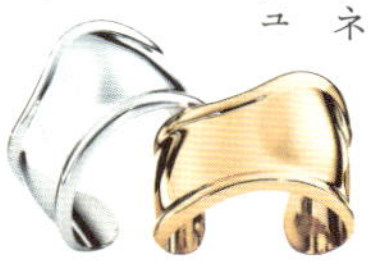

パロマ・ピカソの色石とゴールド

Photo credit : Tom Munro

三人目はパロマ・ピカソです。パブロ・ピカソの娘である彼女は、情熱的な色石使いや、エナメル加工、ゴールドを使ったコレクションを発表しています。最近ではモロッコやベニスをテーマとした、エキゾチックな作品が高い評価を得ています。夏のリゾート・パーティやディナーの場面で、シンプルでヴィヴィットなシルクシフォンのカラードレスと合わせたら、彼女の情熱的なジュエリーはきっとぴったりおさまるはずです。

上：映画『ティファニーで朝食を』の宣伝用写真撮影の際に、「ティファニー ダイヤモンド」がセットされたネックレスを身につけたオードリー。これまでこの宝石を身につけた女性はオードリーを含めて二人だけ。 Photo credit：Audrey Hepburn® Trademark and Likeness Licensed by Licensing Artists LLC for Sean Ferre and Luca Dotti　下：Photo credit：Tiffany & Co.

花のような女性と言われたい人に

VALENTINO

ヴァレンティノ

左から：ドレス／¥1,086,750（参考価格） サンダル／¥73,500「ロックスタッズコレクション」（上から）／¥161,700、¥197,400、¥256,200、¥197,400、¥176,400 サンダル／¥84,000（参考価格） レースのエスパドリュー／¥50,400

イタリアンモードの伝道者

創設者ヴァレンティノ・ガラヴァーニ（中央）がつくり上げた帝国の物語は、今もブランドのDNAとなって受け継がれています。

ヴァレンティノ・ガラヴァーニは、世界中にイタリアンモードを広めたデザイナーです。

彼は北イタリアに生まれ、パリに向かい、ジャン・ドゥッセやギ・ラロッシュの元で才能とセンスを磨いていきます。

１９６０年代半ばには既にイタリア・ファッション界の至宝とみなされ、ジャクリーヌ・ケネディ・オナシスやエリザベス・テイラー、マーガレット王女などの名が顧客リストにありました。

そして１９６８年、登場するモデルたちがまとうコレクションは白一色という、あの感動的なホワイト コレクションを発表します。その後、彼の才能は世界中を席巻し、ヴァレンティノ帝国を築き上げ、１９９０年代には数々の名誉ある勲章を授与されるのです。

２００７年9月。ヴァレンティノ・ガラヴァーニは、創作活動45年というキャリアに自ら幕を引き、マリア・グラツィア・キウリとピエールパオロ・ピッチョーリをクリエイティブディレクターに任命。10年に渡り、アクセサリーデザイナーとしてヴァレンティノ・ガラヴァーニを支えてきた彼らは２００９年1月、オートクチュール コレクションにおいて、ヴァレンティノの世界を見事に表現し、話題をさらいます。同年のオスカー授賞式ではジェニファー・アニストンが、カンヌ国際映画祭ではレイチェル・ワイズとエヴァンジェリン・リリーが、二人の初のプレタポルテ コレクションに袖を通しました。

強烈な才能を持ち合わせた二人のデザイナーはヴァレンティノというブランドを、今後もより高みへと導いて行くことでしょう。

上：クリエイティブ・デレクターのマリア・グラツィア・キウリ（左）とピエールパオロ・ピッチョーリ（右）。下：2012-13秋冬プレタポルテコレクションで発表された、ビジュー刺繍の美しいドレス。

卓越したクチュール技術

ヴァレンティノを代表するスタイルの一つとして、ビジューやレース、カットワーク等を駆使し、宝石のような生地をつくり上げるクチュールテクニックが挙げられます。

２０１１‐１２年秋冬のオートクチュール コレクションでは、ロシアへのオマージュとして、気の遠くなるような手仕事でレースワークを施した、ベルベットを土台にしたリーフのモチーフのドレスが登場します。一点一点レースからつくられるドレスです。

２０１２年春夏のプレタポルテでは、繊細で手の込んだ、美しい手仕事が満載でした。ラストルックはベルベットの花びらのパーツを使い、糸やレースのグラデーションで彩られた美しいドレスが観客を魅了しました。同年のオートクチュールでは薄もやがかかったようなドリーミーなコレクションを発表。幾重にも重なったヌードのオーガンジーには、様々なビジューがちりばめられ、風にそよぐ花びらのようにモチーフが美しく舞い踊りました。

２０１２‐１３年秋冬では、世界各地への旅と自分探しをテーマに、世界中の様々なエスニックの要素をクチュールのテクニックで表現。細かいスパンコールで民族的なパターンを再現し、素晴らしいドレスとなって登場しました。

現在のヴァレンティノでは、人が手仕事としてできる限界のクリエイションへの挑戦が行われ、芸術品のようなテクニックの作品たちが発表され続けています。

右：2012-13 秋冬プレタポルテコレクションより　中：2012 春夏オートクチュールコレクションより
左：2011-12 秋冬オートクチュールコレクションより

2012春夏プレタポルテコレクションで登場した、ベージュのレースの上に花びらのモチーフを刺繍したドレス。まるで満開の花が咲き乱れる春の花畑のようです。

新しい
ヴァレンティノの代表
「ロックスタッズ」

現在、ヴァレンティノには世界中のファンたちを虜にしてやまない、アクセサリーのコレクションがあります。

2011年春のコレクションに、マリア・グラツィア・キウリとピエールパオロ・ピッチョーリが登場させた、新しいヴァレンティノを代表するシリーズ「ロックスタッズ」コレクションです。

ロックの世界観から取り入れられた輝くスタッズのモチーフは、どことなくダークなムードなのにエレガント。モダンでありながらも繊細なヴァレンティノのドレスともぴったりな、実に良く出来た名役者たちです。


当初、上質なカーフレザーで登場したアイテムは、毎シーズン、ボリュームを増し、クロコダイルや、リザード等でも登場。バッグにいたっては、クラッチからかなり大きめのトートスタイル等まで充実しています。

一つ一つ固定されたピラミッド型のスタッズも大小様々なサイズで、バッグやシューズを彩り、ファンたちを熱狂させています。


パリコレ最前列には必需品のヴァレンティノのロックスタッズ アクセサリー。

何か一つを取り入れて、セレブ気分を味わってみてはいかがですか？

デビュー以来少しずつ進化を続け、その魅力を増すロックスタッズコレクション。2012春のコレクションでは、シューズはさらにエレガントに。2012春夏コレクションでは、クラッチタイプの可愛らしいバッグが登場。（シューズ：全て2012春コレクションより。バッグ：全て2012春夏コレクションより）

ドレスの脇役という立場を飛び出して、周りの注目を集めてしまう
華やかな主役級のロックスタッズのバッグたち。2012春夏プレタポルテコレクションより。

選び抜かれたこの赤は、いつの時代も永遠に、世界中の女性のハートを掴む完璧な色です。２０１２－１３秋冬プレタポルテコレクションより。

ヴァレンティノ・レッド

ヴァレンティノにはブランドが大切にしている美しい赤があります。「ヴァレンティノ・レッド」と名づけられたその赤色は、ヴァレンティノ・ガラヴァーニの頃からこのブランドを印象付けてきました。

世界中のセレブが身にまとい、2002年のソルトレイクシティオリンピックの時には、その色のドレスを着たモデルたちが、真っ白な氷上を飾りました。少しトーンは違いますが、現在のヴァレンティノのショッパーもその色を彷彿させる赤を使用しています。

マリア・グラツィア・キウリとピエールパオロ・ピッチョーリの二人も、このブランドの伝統色を大切にコレクションに登場させています。時にはミニのドレスで軽やかに、時にはラッフルを多用し、エレガントに。マクラメレースや刺繍、パンツスーツのアクティブな印象で登場させることもあります。

知人のヘアメイクさんによると、トーンはそれぞれ違えど、女性は誰でも赤が似合うものだそうです。女性であることを最大限に表現し、活かしてくれる色。ヴァレンティノ・レッドを身にまとい、日々置き去りにしてしまいがちな、女らしさを取り戻してはいかがですか？

レースやオーガンジー、時にはパンツやミニスカートと形を変えて、様々な表情で私たちを楽しませてくれるヴァレンティノ・レッド。（上：2012-13秋冬プレタポルテコレクションより中、下：2012春夏プレタポルテコレクションより）

「ヴァレンティノ＝女優」に則って

ヴァレンティノのドレスは、特に自分の価値をよくわかった女優やセレブたちに愛されています。　右上：キーラ・ナイトレー。2011年ヴェネツィア国際映画祭、オートクチュール2011-12秋冬コレクションより。左上：シャイリーン・ウッドリー。2012年アカデミー授賞式、オートクチュール2012春夏コレクションより。左下：アン・ハサウェイ。2011プレタポルテ、2012スプリングコレクションより。右下：あのレディ・ガガもヴァレンティノに夢中。2011-12スプリングコレクションより。

世界中の女優たちに愛されてきたブランド、それがヴァレンティノです。それは、彼女たちが数多くの特別なシーンで身に纏っているドレスが、ヴァレンティノの作品であることで十分に説明されます。私はあいにく、このヴァレンティノ＝女優という方程式を崩す術を持っていませんので、ここは素直に、夜会やパーティというシーンに、このブランドを取り入れていくことをオススメします。

最高の素材、美しい色、着る人の個性を殺さないバランスの良いデザイン。ブランドを示す明確な特徴はありませんが、着る人を優しく包み、そのドレスを纏うことの喜びを与え、豊かな気持ちにしてしまうドレス。見る人は、自信にあふれ、堂々とした華やかな立ち居振る舞いから、それがヴァレンティノのものであることを見破ってしまいます。それがヴァレンティノのドレスなのです。

どうぞ清水の舞台から飛び降りて、自分自身に投資してみてください。リトルブラック・ドレスでもいいし、ヴァレンティノ・レッドのドレスでもいい。そのドレスをいつも部屋の見えるところに吊るし、何かあったらすぐにパーティに行ける女性でいる努力をしてください。体調管理や食事制限はもちろんのこと、知性や知識を磨くことも忘れずに。1枚のドレスを、あなた自身が高価な女性になるための成長の糧にしてみましょう。高価になったあなたなら高価なドレスは普通に着こなせるはず。

ドレスは難しい、という人にはパーティバッグはどうでしょうか。ヴァレンティノのアクセサリーは、ドレスと同じコンセプトでつくられているので、華やかさを十分に楽しむことができます。

ヴァレンティノは、パーティという聖戦で女性が最高の力を発揮するための最強の武器です。膨大な野心は上品な笑顔の裏に隠して、美しく纏って参戦しましょう。上手に着こなせたなら、勝利はあなたの手の中にあることでしょう。

毎回ドレスと同じコンセプトで丁寧に仕上げられるパーティバッグ。素材はもちろん、テクニックまで完璧に表現され、華やかな気分を味わうことができます。2012春夏コレクションより。

洗練された大人の女性を目指す人に

YVES SAINT LAURENT

イヴ・サンローラン

左から：「ミューズ・トゥー・ミニ」ブラック、カーフ×コットン／¥139,650 「カバス・シック」ブラック、シープ／¥199,500 「トリビュート」サンダル／ブラック／¥99,750 「カバス・シック」チェリー、シープ／¥199,500 「ミューズ」ブラック×ブルラッシュ、パイソン・バッファロー・カーフ／¥345,450 「トリブトゥー」パンプス／ブラック／¥89,250 トレンチコート／ブラック、ポリエステル／¥238,350 ストール／チェリーレオパード、ウールカシミヤ／¥99,750

モードの帝王

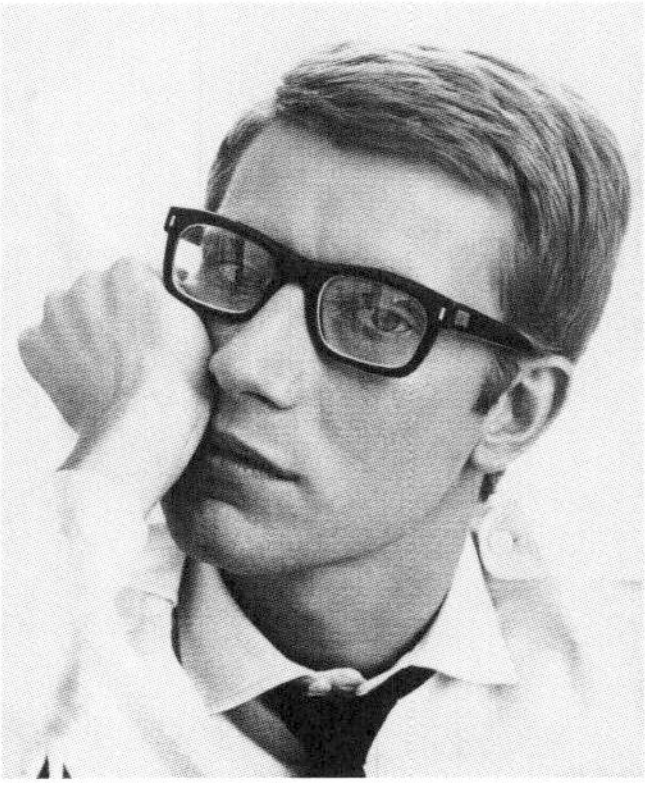

モード界の帝王の名を欲しいままにした、
創設者イヴ・サンローラン。
(Photo：Maurice Hogenboom)

2002年1月。ゴールデンタイムにテレビや街頭モニターで生中継されたコレクションがあります。イヴ・サンローランの引退オートクチュール・コレクション。ファッションそのものを、これほどまでの高みに導いたイヴ・サンローランに、世界中から感謝とエールがおくられたのでした。

イヴ・サンローランはシースルー・ルック、モンドリアン・ルック、サファリ・ルック、パンタロン、スモーキングなどの、歴史に語り継がれる数々の名品をつくり上げた人物です。

1966年にはプレタポルテラインのイヴ・サンローラン リヴ・ゴーシュをオープン。バレエ『ノートルダム・ド・パリ』の衣装や、映画『昼顔』のドレスなど、文化的事業にも数多く貢献してきました。

イヴ・サンローランのミューズとして愛されたカトリーヌ・ドヌーブや、バレリーナのジジ・ジャンメールとの親交も深かったことは、あまりにも有名な話です。

モードの帝王として、あまりに偉大すぎる業績を残したイヴ・サンローランが他界した、2008年6月1日。その日パリが、ファッション界全体が、悲しみに暮れました。

けれど、イヴ・サンローランの愛したシックでエレガントな美意識は、脈々とブランドに継承され、今もなお世界中の顧客を魅了し続けています。

そして2012年3月、以前イヴ・サンローランのメンズのディレクターとして人気を博した、エヒ・スリマンがこのメゾンを指揮することが決定しました。自身初となるウィメンズコレクションに、今から期待が高まっています。

創設以来、イヴ・サンローランではパリの、シックでエレガントを表現してきました。現代のほとんどのファッションは、ここから生まれたと言っても過言ではありません。タキシードテイストのドレス。2011春夏プレタポルテコレクションより。(Photo：Courtesy of Yves Saint Laurent)

右：袖にスラッシュの開いたジャケットにビスチェとワイドパンツのスモーキング。2010-11秋冬コレクションより。 中：大変驚かされた、白のスモーキングのコレクション。2011-12秋冬プレタポルテコレクションより。 左：ラストルックに登場した、ショートパンツのスモーキング。2011クルーズコレクションより。（Photo：Courtesy of Yves Saint Laurent）

今を生きる女性のための鎧「スモーキング」

１９６６年秋冬イヴ・サンローランは、オートクチュール・コレクションでタキシードの原型であるスモーキングを、女性用スタイルとして発表します。女性のファッションや生き方に、たくさんのルールが存在した時代において、この現代的なパンツ・スーツは女性の社会進出に一役買うことになりました。

その後もこのテーマは、様々な進化が加えられながら、ほぼ毎シーズン発表され続け、イヴ・サンローランの代名詞ともなりました。

真っ黒な壁に真っ黒なスモーキングが所狭しと並べられた、２０１０年パリ・プティパレで開催された回顧展。そのドラマティックな展示は、まさに圧巻。イヴ・サンローランの素晴らしさを存分に表現したものになっていました。

２０１１−１２年秋冬のコレクションでは、なんと白のスモーキングが登場。観客は度肝を抜かれたのです。

スモーキングには限られた世界の中でつくり上げられる、ミニマムな美しさがあります。この極めてマスキュリンなスタイルは、女性をよりフェミニンに見せる魔力を持っています。（Photo：Courtesy of Yves Saint Laurent）

進歩し続けるシグネチャー・ライン

2011-12秋冬コレクションで登場した「カバス・シック」。名前の通り、シックでエレガントな佇まいでありながら、ダブルファスナー、ダブルハンドル、収納力のある内ポケット等、非常に実用的なつくりで、発売以来、入荷待ちの人気商品です。「カバス・シック」チャイニーズブルー、シープレザー／¥199,500（Photo：Courtesy of Yves Saint Laurent）

イヴ・サンローランにはいくつかの伝説的なバッグがあります。

2006年クルーズの「ミューズ」は、クラシックなブガッティ（ドーム）型のシルエットをアレンジし、フロント＆バックにYの文字を切り替えたシックでエレガントなデザインのバッグです。

かっちりとしたマニッシュなデザインは、持つ人のエレガントさをさりげなく、でもしっかりと引き出してくれます。発売当初、ケイト・モスやデミ・ムーアなどのセレブたちが、上品でありながらもカッコよく身につけていたのは印象的でした。

その後2008年に登場したのは素材にスウェード、もしくはコットンキャンバスをベースとして使用した「ミューズ・トゥー」。2012年クルーズでは一回り小さい「ミューズ・トゥー・ミニ」も登場し、話題になります。

2011−12年秋冬コレクションでは、「カバス・シック」が発表されました。このバッグはYの文字の切り替えが美しく、ダブルハンドルは肩掛けもできるよう考えられています。名作バッグをつくり続けてきたブランドならではの、知識と技術が結集されたバッグと言えるでしょう。

シーズンごとに素材や色を替えながら、変化と進歩を続けていくシグネチャー・ラインのバッグたち。これからも目が離せません。

上から：「ミューズ」エリー、バッファロー／¥187,950／2012春夏コレクション
「ミューズ・トゥー・ミニ」¥250,950／2012プレフォールコレクション
「ミューズ・トゥー」ブルラッシュ、パイソン、バッファロー、カーフ／¥345,450／2012春夏コレクション
(Photo：Courtesy of Yves Saint Laurent)

２０１０プレフォールコレクションより（Photo: Courtesy of Yves Saint Laurent）

「服」にこだわるということ

1998年7月12日FIFAフランス大会最終戦。フランスは最後のエキシビションに、イヴ・サンローランの作品を用意しました。

グリーンのピッチを覆った青空模様の布。ドラム缶のパーカッションはやがてボレロにかわり、モデルたちがマスゲームのように美しい図形を描きながら会場を練り歩きます。クライマックス。青空の真ん中に浮かび上がったのはYSLの人文字でした。生中継を見ていた私は、ファッション大国としてのフランスのプライドと、イヴ・サンローランへの敬意を見せつけられ、鳥肌が立つほど感動しました。

20歳前後の頃、アヴァンギャルドに夢中だった私は、大のイヴ・サンローラン好きの友達に、このブランドの魅力を質問したことがあります。返ってきた答えは「彼の作品は、服の範囲から出ないから」でした。新しいアヴァンギャルドな洋服がもてはやされていた時期に、あくまでも「服」というフィールドにこだわり続けたイヴ・サンコーラン。装飾も表面効果も、「着る」からこそ映えるのだという、絶対的な信念が、現在もこのメゾンの血として受け継がれています。袖を通すことで初めて成立するイヴ・サンローラン・ウーマンたちは、よりモダンに変化しながら世界中で増殖しているのです。

上・中：2011春夏コレクションより　下：2012春夏コレクションより
（Photo：Courtesy of Yves Saint Laurent）

ぜひジャケットに挑戦を！

パリのカフェで、マダムたちのおしゃべりの中に「イヴ・サンローラン」の言葉が出てきたら、それは間違いなく「テーラードジャケット」の話をしています。

前身頃は生地を縦に裁断、後ろ身頃はバイアスに裁断したジャケットを発表したイヴ・サンローランは、ファッション界でも屈指の、ジャケットにこだわり続けるメゾンです。

「体の中で最も出っ張っているのは骨盤である」という信念から、一般的には前身頃の胸から真下に入れるはずのダーツを斜めに入れているイヴ・サンローランのジャケット。バイアスで取られるダーツの縫製は難しくなりますが、美しく体にフィットし自然なシルエットを生み出します。余分な部分をそぎ落としながら形作られた確かなデザイン。イヴ・サンローランのジャケットには、メゾンのDNAともいうべき核が宿っているのです。それは、たとえデザイナーが替わっても変わることがありません。

日本人女性にはいくつになっても可愛らしく、若くみられたいという思想があります。これは世界では実に珍しいことで、大人はみな、自立したスマートウーマンを求めるものです。

試しにイヴ・サンローランのジャケットを着てみてください。きっと、自然に姿勢が伸び、自信をもって行動できるようになるでしょう。

たとえ今はまだ、しっくりこなくても、いつかピッタリと似合う日がきます。イヴ・サンローランのジャケットが似合うようになったとき、新しい扉が開き、あなたは次のステージへステップアップできるはずです。

レザーやメタル素材のジャケットが登場した2012-13秋冬プレタポルテコレクション。刺繍やアクセサリーに施されたカラーの花のモチーフが、強くて美しいイヴ・サンローラン・ウーマンにぴったりのコレクションでした。
(Photo:Courtesy of Yves Saint Laurent)

2012春夏では、アンティークレースのパターンを使ってつくられた、カラフルなナイロン素材のノースリーブ・ジャケットが登場しました。美しいピンク色と、歩くたびに風をはらんで揺れる裾のフレアーが素敵です。大人な中にも可愛らしさが感じられるスタイルでした。（Photo：Courtesy of Yves Saint Laurent）

ファッショナブルになるには

「ファッショナブルな人」とは、どういう人だと思いますか？
今まで仕事がら、沢山のファッショナブルな方々を見てきましたし、感動するくらいに素敵な人たちにも出会ってきました。そんな彼女たちから感じた共通点を、ファッショナブルな人になるための条件として書き出してみます。

まず、自分をよく知ること。冷静な目で、自分をしっかり目つめることが大切です。これはある意味、とても過酷なことです。鏡をしっかり見つめ、自分のどこが良い所で、どこがダメな所なのか、きちんと確認してください。毎朝、二重あごに気付かないフリをしてメイクしていませんか？ お腹の肉を見ないフリをして、ラインの出ない服を選んでいませんか？

今の時代は個性が尊重されるファッションが主流なので、好きな物を好きなように楽しむことがとても重要です。でも残念ながら、自分のスタイルを追求しているというより、色々な言い訳をしているように見えてしまうファッションの方々のほうが多いように思えるのです。自分をきちんとコントロールするのは、大人として当然のことですし、身体を整えるのは健康や精神面にも大きなメリットをもたらしてくれます。

まずは、自分を自分の好きなようにデザインし、さまざまなことを受け入れられるフォーマットをつくることから始めましょう。

次に、物の価値をきちんと理解できるようになること。良い物／悪い物の選別ができて、安い物も高い物も自分のスタイルで取り込んでいけることが大切です。これは自分なりの確固とした価値観が必

要なので、一朝一夕にできることではありません。きちんと判断し、良い物に触れる経験をもつことで培われていくものなのです。

さらに、沢山の経験も必要でしょう。細かく情報収集をするのはもちろん、例えば買い物をする時には、「とにかく試着はタダなんだから！」という気持ちで、いくらでもお店でトライしてみましょう。お互いに何でも正直に言い合える、ファッションライバルの存在も必要ですし、思いっきり無駄な買い物をして後悔したり、間違った服を着て行って恥をかくことも、とても大事です。美しい芸術に触れたり、名作の映画や舞台を観たり、恋だって大事な経験の一つです。

そして、場をわきまえるということも忘れないでください。いわゆるＴＰＯです。この頃のファッションでは、「私が着たい！」という自己中心的なスタイルがもてはやされています。周りにどう見られるかを考えずに外出してしまう、あまりにも自分本位になり過ぎている女性が多いように思えてしまいます。周りに気を遣うとなると、「モテ」意識に結びつけてしまったり……。

流行の色を着ていても、スカートがシワシワ、靴の底がすり減っているようじゃ、本末転倒です。自分の服装を自分で鏡で見るのは一日のうち、朝、服を着るときと、夜、服を脱ぐときだと思います。あとは自分が見ているというより、家族や職場で一番近い人が、あなたの格好を目にしているのです。自分のファッションは、自分だけのものではないのです。コーディネイトを考えるとき、背景に意識を向けてみる等、自分の近しい人を不快にさせないことに、少しでも心を配ってみてください。それは、思いやりやマナーの範疇のことなのですから。

最後に、ファッションの一番大切な所はバランスです。どんなに高級なバッグや靴を持っていても、それに合わせるアイテムがファストファッションばかりというのは、とてもバランスの悪いこと。大人の女性は大人としての自覚を持ち、若い世代のお手本になるように気を遣っていただきたいと思います。若い服を着ることが、若く見えることではないのですよ。

さて、いかがでしたか？　あなたの明日からのファッションに対する考え方に、少しでも変化が出たら大変嬉しく思います。そしてオシャレをすることが、今よりももっと楽しくなってくれたら最高です。明日は今日より素晴らしいに決まっています。怖がらないで、どんどんチャレンジして、素敵なファッションライフをお送り下さい。

チャレンジに遅すぎることはありません。だって、これからのあなたの人生を考えるなら、今日が一番若いのですから。

№ 158

EPILOGUE　おわりに

ファッションとは「流行」と書きます。流れ変化して行くのがファッションであり、そこがまた良い部分でもあります。でも、今回紹介したブランドはどれだけ時代や人々の好みが変化しようと、ずっと愛されてきたブランドばかりで、それはこれから先も変わることがありません。

あるブランドでは、発売以来、デザインをまったく変えずにそのスタイルを守っています。またあるブランドでは、変化を楽しみながら、新しいブランドの良さを提案するなど、ブランドごとにクリエイションの方法は様々です。そこには、常に、絶対的な説得力のある「物」があります。心を込めて大切につくられた物は、個性はもちろんのこと、顔までも持っているのです。そして、そうした個性や顔を持った物は、伝統を受け継いだ職人技の存在によって、世界的なブームを起こし得てきたのです。

今の時代、ブランドは人に自慢する物ではなく、本当にそれは自分に必要なのかという、よりプライベートな部分で、その存在価値を問われています。本質を見極める目を持ち、一生愛せるような物に出合うことが、とても大切だと思うのです。物を選び、物との付き合い方を知ることは、自分自身を知ることにも、深く通じていくのですから。

誰もが、その人なりのファッションへの考え方があって、こだわりのコーディネイトのレシピを持っています。この本が、あなたのレシピの新しいヒントになってくれたなら、こんなに嬉しいことはありません。

ファッションは消費ではありません。文化であり、教養です。積み重ね、応用して活用するものです。

あなたの人生の最高のパートナーになるような、素敵な「物」に出合う日が来ますように！

最後にこの本を制作するにあたり、多大なる協力をしてくださった各社プレスの皆様。お忙しいお仕事の合間をぬって、わがままなリクエストにも応えてくださったことに、心から感謝します。

２０１２年６月吉日　ダイコ★

Die-co★（ダイコ★）

文化服装学院アパレルデザイン科卒業。雑誌・TV・映画・舞台等、スタイリングから、衣装製作ディレクションまで幅広く活躍中。男は男らしく、女は女らしくをモットーに、ドラマティックで完成度の高いヴィジュアルや作品は、芸能界のみならず、バレエやダンス等の舞台関係からの評価も高い。現在『美人百花「スタイリストDie-co*のハイブランド TOP NEWS」』（角川春樹事務所）を連載中。
ブログ http://ameblo.jp/die-co555/

お問い合わせ先（順不同）

Bonpoint	03-6805-1620	http://www.bonpoint.com/
BOUCHERON	03-5537-2203	http://www.boucheron.com/
CHAUMET	03-3613-3188	chaumet.com
Chloé	03-4335-1750	http://www.chloe.com/
Chloé（Fragrance）	03-5413-1062	http://www.chloe-fragrance.jp
Christian Dior	03-3263-2266	www.dior.com
FENDI	03-5414-6762	http://www.fendi.com
JIMMY CHOO	03-5413-1150	www.jimmychoo.com
LANVIN	03-3289-2782	http://www.lanvin.com
LOEWE	03-6215-6116	http://www.loewe.com/
lucien pellat-finet	03-5647-8333	http://www.lucien-pellat-finet.jp/
Sergio Rossi	0570-016600	——
TIFFANY & Co.	0120-488-712	http://www.tiffany.co.jp/
VALENTINO	03-6384-3512	www.valentino.com
vanessabruno	03-3280-3610	http://www.vanessabruno.co.jp/
YVES SAINT LAURENT	0570-016655	http://www.ysl.com
花鳥風月（花材協力）	0285-38-6010	

Special Thanks : Yuriko Kanamori (Bijinhyakka), Tomomi Kitayama, Reijirou Kaneko, Yoshinobu Motoda, Ryouta Hara　All the friends and families of dear mine

ブランド・パスポート

2012年6月25日　第一刷発行

著者　Die-co*（ダイコ★）
スタイリングディレクション、イラスト　Die-co*（ダイコ★）
撮影　阿部高之
撮影協力　岡村良明　石森康子
フラワーアレンジメント　皆川俊幸
装幀　増田菜美（ロクロクデザイン）
発行　株式会社産業編集センター
〒113-0021
東京都文京区本駒込2-28-8
文京グリーンコート17階
TEL　03-5395-6133
FAX　03-5395-5320
印刷・製本　株式会社シナノパブリッシングプレス

ISBN 978-4-86311-073-1 C0095